软技能

7 SKILLS FOR THE FUTURE

跑赢个人价值的通胀

[英] 艾玛·苏·普林斯 著
Emma Sue Prince

杜肖瑞 译

湖南文艺出版社
HUNAN LITERATURE AND ART PUBLISHING HOUSE

博集天卷
CS-BOOKY

1. 适应力

高度的适应力能够助你拥抱变革，轻松应对不测的变化，把握暗藏的机遇，面对挫折泰然处之。

2. 批判思维

人若懂得如何有效地思考和工作，让自己足智多谋、创意丰富，并能够与其他人愉快地合作，成功便不在话下。人类的大脑极为发达，应该加以充分利用。

3. 同理心

同理心在当今世界尤为重要。悉心经营你的人际关系，了解他人的背景经历，体验活在当下的感觉，效果事半功倍。

4. 正直

信任、价值、原则、诚信在今日变化莫测的世界中尤为珍贵，将正直之心贯彻于自己的决定中，为你的人生确立方向，让自己出类拔萃。

5. 乐观

快乐其实唾手可得，无论生命如何对待你，你都可以采取积极的行动来加以应对，或许会取得出人意料的积极结果。

6. 主动性

对周遭发生的事情做出主动应对而不仅仅是被动反应。做自己人生之船的掌舵者，践行于一点一滴的行动中。

7. 韧性

学会从失望、拒绝和挫折中振作起来，为自己建立强大的支持体系，照顾好自己，韧性不可或缺。

《软技能》
所获的赞美

PRAISE FOR 7 SKILLS FOR THE FUTURE

与艾玛·苏共事令人愉悦，她全情投入自己的事业。她的工作坊和著作都很出色，她倡导的正是我们面向未来所需要的七项能力，与我们公司的价值观不谋而合。

——塔尼娅·祖霍维斯基

CMS卡梅隆·麦肯纳·纳巴罗·奥尔斯旺律师事务所学习与发展部经理

本书对致力于快速改变员工节奏的科技界领导者、追求不断成长的销售业者以及快速成长的机构来说都是必不可少的一本宝典。

——罗布·约翰逊

英国领导管理学会会员、ServiceNow云计算公司高级总监

出彩的简历是一块敲门砖，但本书所谈的七项能力才能决定你在未来的成功和幸福。这本宝书会助你培养在工作与生活中必备的技能。

——丽莎·戴博士

利物浦大学工商管理硕士在线课程项目主任

艾玛·苏亲身示范了学习从困境中重新振作的过程。她在书中对重要人生技能做了恰如其分、结合实际的分析，还向我们讲述了她自身的经历。

人生不是游戏，一些引导必不可少，这本书能够为你我提供纵横职场和生活所需的引导。

在软技能和情商领域，艾玛·苏是不折不扣的专家和广受推崇的权威。本书引人入胜，作者详述了她本人培养自我意识、发展这些重要能力的经历，阐释了掌握这些能力对于实现卓越自我的重要之处。

虽然这七项能力是与生俱来的，但无论在人生的哪个阶段，我们都可以学习如何更好地在生活和工作中使用这些能力。人人都应把这本书买来放在床头随时翻阅，这样我们可以不断地提升幸福感，取得更多成功，增进身心健康。

谨以本书献给我的丈夫尼克，
若没有他，
本书的写作便无从谈起。

本书还要献给金毛犬奥斯卡，
是它教会了我同理心的真正含义；
在我写第二版的大多数时间里，
它一直陪伴在我的身旁。

关于作者

艾玛·苏·普林斯是体验式学习领域的专家。体验式学习是提升自我认知的唯一方法，而一切行为的改变都是基于自我认知，所以她坚信体验式学习是培养能力和提升软技能的关键。她在此领域开办了有重大影响力的工作坊，在不同社群中均有较高参与度，既有孟加拉国的群体和北非的穆斯林群体，也有由英国的律师、医生、软件工程师等构成的多元群体。对于培训师群体，她也会传授同样的方法。她的小组培训方法的成功之处在于完全就地取材，充分利用小组内的元素。她提倡每个群体为培养同理心、适应力和积极性而创造独特的语境，这样才能产生真正有效的学习效果，总结学习策略，跟踪学习进度，不断积累创意。

艾玛·苏对于培养青少年这项工作非常热忱，她的工作坊内容经过些许调整，也适用于中学生、青少年犯罪人员教导团和社会闲散青少年团体。

在英国之外，艾玛·苏也为各新兴发展中国家的培训师们提供培训、制订材料和职业能力方面的指导。

艾玛·苏的事业使她的足迹遍布世界各地，让她成为业界翘楚。她还是Unimenta网站的总监。该网站致力于为培训师或任何对软技能感兴趣的人士提供服务，为大众提供了丰富的资源、专业的指导以及大量有关提升七项能力的建议和支持服务。

艾玛·苏十分重视她在写作中所探究的原则和概念，并努力将这些原则和概念应用于实践。

作者致谢

AUTHOR'S ACKNOWLEDGEMENTS

《软技能》这本书不仅记录了我个人的经历、贡献和领悟，而且包含了大量出色的研究，我也从其他一些人的体悟与贡献中大大受益。我对以下人士尤其充满谢意：

我的丈夫尼克·英格利希对我所做的一切不遗余力地支持，他对我的爱与包容让我拥有幸福的人生。如果没有幸福、稳定的家庭和生活，要写作一整本书绝非易事。我的孩子和亲人让我的生活丰富多彩，让我每天都有大量的机会实践这七项能力。

培生商务的编辑出版团队是一个出色的群体，是他们的贡献让写作和出版本书成为一段令人愉悦的经历。

与我共事的培训师和助理团队成员各个都很棒，他们为我提供了鼎力支持和鼓励。如果没有这些努力且有天分的同事，我必定无法完成本书第二版的创作。这些人一路陪伴我，始终如一，他们在各自的生活和工作中也是这七项能力的实践者。

伊多伦英·富勒-尤蒂普（莱恩）是个非常优秀的培训师。我在坦桑尼亚的一次能力培训项目中与他相识，他现在已经是我们所有青少年项目的主管；克里斯·达德利是个了不起的生命教练，对于七项能力的研究十分投入，致力于帮助人们挖掘真正的潜能；朱莉·库珀也是一位出色的培训师、教练和身怀专长的作者；艾莉森·鲁德是我认识的最优秀的数字项目经理，在今天聒噪的世界中，她冷静平和的心态是一盏明灯；安德鲁·瑟奇是我在克兰菲尔德MBA项目中的同事，他曾多次给我带来鼓励、关怀和欢笑；哈蒂普·赖伊多年来都是我珍重的一位朋友，我们志同道合，他会亲自实践和体验我的理念；凯特·金全心全意地为年轻的弱势群体服务，力图给他们的生命带来曙光；贾欣塔·哈格敦是一位敬业的个人发展教练，诸多顶级的绩优股公司都曾从她的工作中获益，她对我来说是支持和智慧的源泉；安德烈娅·吉拉尔德茨是一位平易近人的培训师和老师，她能助人实现自己的潜能；加芙列拉·维格洛斯卡是多元性和文化知识的倡导者，她很擅长将自己的理念在工作中实践。

我还对我的助手卡罗琳·斯凯德摩尔充满了感激，她创意丰富，在市场推广方面天赋异禀，擅用社交媒体，对网站也操作自如。在家里，她会亲自教授自己的三个孩子相关知识。

我还要感谢我们在世界各地所举办的工作坊的每一位参加者，是他们向我们展示了这七项能力的重要性，让我们的工作充满价值。就很多方面来说，这本书是写给他们的。

前　言

对于出乎意料地成为艾玛·苏·普林斯的《优势》（如今重命名为《软技能》）出版过程的参与者，我倍感荣幸。我是在东英格兰健康教育组织所举办的工作坊中初次拜读艾玛·苏的作品的。这个工作坊的设立目的是要为已获得国际认证，但对于国家医疗服务体系内的工作和在英国生活的具体细节不甚熟悉的医生提供帮助。她的团队当时分别组织了有关正念、同理心和韧性的培训课程。拜读她的书让人觉得犹如醍醐灌顶，所以我们在工作坊中就书中的内容进行了极为深刻的讨论。

不管是医疗界还是其他专业领域的从业者，我们都奋力奔波，努力经营着复杂、苛求、充满压力的生活。日新月异的科技发展让人眼花缭乱、应接不暇。人们与日俱增地承受着要过得更好、寿命更长、身体更健康、挣钱更多、更加成功的压力。本书所包含的研究资料丰富缜密，对任何追求人生中的成功、幸福和身心健康的人来说，都充满启发性。

我在读艾玛·苏的书时想到了我已故的胞弟拉凯什·辛哈博士的作品《剖析成功》。这本书所谈的是人类极限学，详细地讨论了不同的人是如何实现自己最高潜能的。艾玛·苏则为我们发掘自己的潜能、克服与生俱来的易犯错和脆弱的缺点指明了道路。

艾玛·苏给了我们一个心理工具包，将七项能力融会于一份指南中，为我们指明人生真正的方向所在。书中所谈的这些能力全面、简便、逻辑清晰，循循善诱，让人手不释卷。培养这些非技术性能力不需要我们做出天翻地覆的转变，因为作者指出，我们无须在这些方面在意天赋，它们都是可以习得的能力。全书中，艾玛·苏以自身经历和她在培训与个人发展方面的大量工作实践为基础，深入讨论了七项能力，还为读者提供了诸多将这些能力运用于实践的练习，每章都以描述生动的人物经历的片段结尾，充分验证了这些深刻的个人品质背后的原理。

　　艾玛·苏言简意赅地分析了我们今天的世界与可预想的未来，然后将分析聚焦于个人层面之上。她所列举的如何在日常生活中实践和使用这些能力的参考令人收获良多，我尤其喜欢她有关"韧性"的讨论，这一讨论能够激励医护人员转换思维角度，更好地学习面对人生挫折和生老病死，并从中迅速振作起来。

　　日本文化中有个概念叫"生き甲斐"（ikigai），意指"生活的价值"。这个概念融会了你个人的喜好、所擅长的技能以及世界的需求。通过实践艾玛·苏倡导的七项能力，人人都能从平凡走向卓越，一步步实现自己的"生き甲斐"。哈尔福德·勒科克曾说："没有哪一个人能谱出一首交响曲，因为它需要一支管弦乐队来奏乐。"因此，运用艾玛·苏所提供的方案深入实践全部七项能力，能让我们掌握人生的主动权。

拉特纳·马科尔医生
英国皇家麻醉医师学会会员，医学教育学院硕士
会诊麻醉师，英国 FPD 集团临床指导师

本书介绍

本书讨论的适应力、批判思维、同理心、正直、乐观、主动性和韧性这七项能力都来源于人们对生活的掌控感和独立人生的追求，包括读者在内的每一个人都具备这些能力。

通过提升这些能力，读者能够掌控人生的主导权，使自己在追寻幸福的路上满载而归，追寻到自己热爱的职业并发掘人生的真正意义所在。

具体说来，读者可以：

· 大幅提升自己的自我认知。

· 能自如地运用言语和行动应对任何场合。

· 为自己真正所爱的工作做好准备。

· 了解如何心怀使命与热情经营人生。

· 让自己的人际关系更为健康和谐。

· 为未来的职场环境做好准备。

本书原名《优势》，现已重命名为《软技能》。我之所以写这本书，是因为书中所阐释的这七项能力对于我取得人生成就起到了举足轻重的作用，我也是在真正动笔写书时才意识到这一点的。适应力是平庸和卓越的区别因素，高度的适应力能够让你处变不惊、镇定自若；良好的批判思维能力意味着创意丰富、足智多谋、聪明睿智，在这个信息爆炸、未来万象不明的时代，这些品质尤为珍贵；怀着同理心生活，对于培养和维持与自我或与他人之间健康的、稳定的、有意义的关系至关重要；我们还需要正直来树立正确的价值观，做出明智的人生选择；积极乐观的心态能够帮我们创造和享有自己所追求的人生。如果你能够主动地把握机会，懂得如何应对周遭的变化，拒绝被动，成功便指日可待；而以上所有能力都需要辅以韧性和毅力，因为我们必须能够越挫越勇，在面对挫折和拒绝时敢于迎难而上。

本书初版于2013年，其后涌现出诸多与适应力、批判思维、同理心、正直、乐观、主动性和韧性的重要之处相关的研究和例证。这些能力不仅是时下之需，也是这个瞬息万变的世界中愈加珍贵的法宝。

初版中所呈现的诸多概念和方法如今广受推崇，包括正念练习、神经可塑性的重要之处、韧性、建立紧密的人际关系网、自我照顾、自我支持、走出舒适区、终生学习、自我蜕变以及养成运用新技能的习惯。

我的人生并非一帆风顺，但我知道，自己的人生不管在过去还是在今后，都是丰富、精彩、美好而富有挑战的。我很小就需要自己照顾自己，面对家人的精神问题，我还有了一种幸存者的内疚心态。后来我们先后搬到德国和美国，这给我的学习生活带来了很大扰动。在此期间，我还不幸遭到了性虐待。我16岁离开家，既没有工作资格也没有家人支持，导致我20岁前后的几年过得异常艰难，经历了独自抚养孩子、离异、频繁的经济窘境，还在一次严重车祸中失去了母亲。到25岁时，我所经历的事情可能和很多50岁的人所经历的一样多了，甚至很多人终其一生都不会有我那些经历。之后很长的岁月中，我都在不幸经历所导致的糟糕情绪、困境和由此陷入的不良关系中挣扎，之后又过了更长的时间，我才逐渐接纳了所经历的一切，并接纳其成为今天的自我的一部分。

不管我的适应力和韧性是天生的还是通过早年经历养成的，我在人生所经历的挑战和风险面前从未退缩过。我一直坚定地把握一切机会。我曾犯过不少错，但绝不想让自己被贫困所限，于是我不但在学业上勤奋进取，还充分证明了自己的赚钱能力。我必须要为自己经营一个有意义的人生，而非在碌碌无为中浪费生命，我也不想因为自己早期的经历而小心翼翼地追求一份安稳的人生。补上错过的学业对我来说太重要了，我曾在芝士店、咖啡屋、餐馆和酒吧中打工，经常要兼任两份甚至三份工作来维持生计。在这些经历中，我不但学到了一些有用的技能，还养成了勤勉的工作态度。

我一直很乐观。现在我知道了，积极主动、乐观向上和坚韧不拔之间有着非常密切的关联。批判思维让我能够通过发散思维想出问题的解决之道，不但推动我在工作和生活中不断完成自己的愿望，还鼓励了我质疑自己的想法和有关自己所能取得的成就的不合理或不够大胆的期待。

通过阅读相关书籍，做了数百种不同的练习，我亲身体验了整个"自助"文化风潮。有的方法很有效，有的则毫无作用。在我经历困难的时候，一位特别执着的治疗师给了我很大帮助，他叮嘱我按时起床，让我充分利用生活中的一切，发挥能力，挖掘潜能。要着手这样做，我首先得提升自己的同理心，激励自己变得更正直，这两点都只能源于自我，也只能始于自我。这样做难不难？当然难，但绝对值得。这样的治疗师和咨询师千里难寻，然而我确信，《软技能》可以让你便捷地学到我当时所获得的领悟。

这七项能力给我带来了什么收获？就职业生涯来说，我的工作多年以来在不断拓展，包括授课、做讲座、做培训、做研究、资格设定、成立自己的咨询机构、设计培训项目、支持弱势青少年群体、做志愿服务、任职于慈善机构的理事会以及担任受信托人，如此繁杂多样的工作需要创造力、冒险精神和对机遇的敏感性与把握能力。通过我的事业，我还到过受困于极端贫穷和严重社会问题的国家，在这些国家的收获也让我倍感荣幸。我热衷于培训技能和帮助他人成长。目前，我工作的主要内容是帮助人们提升对自己七项能力的认知，我与我的认证培训师团队组织体验式学习工作坊，服务多种多样的群体，包括年轻医生、企业事务律师、青少年服刑人员、学生收容处人员、毕业生、软件开发工程师和知名企业的中高层管理人员。以上这些人毫无例外地表达了对于提升这七项能力的需求和渴望。

现在，我已与自己的挚爱步入婚姻的殿堂，建立了美满的家庭，有一个自己能够为之积极奉献的社区，能够平衡工作和生活，一切都好，万事如意。其实人生也是如此。

你我都有自己的故事和经历，我们都能不断进步，最终成长为最好的自己，过上有意义、心怀使命和幸福的人生。我并非每天都能做得尽善尽美，所以也在不断学习。

我深信这七项能力能够为人生创造积极的变化，我也期待我的读者能够受益于这些变化。

为什么受益的不能是你呢？为什么不从现在就开始呢？

第**3**章 **同理心**

第**4**章 **正直**

第**5**章 **乐观**

今天我们
所处的世界

人人都想改变世界，
却没有人愿意改变自己。
——列夫·托尔斯泰

软　技　能

　　大家对于近些年来世界的巨大变化了然于心，这些变化方兴未艾，给世界带来了史无前例的变革，万象争辉，竞争无所不在。科技的重大更新和发展、全球化、充满变数的经济前景、全新的职场、日新月异的社会动向都给人们带来了前所未有的机遇和挑战，一切瞬息万变。从个人层面上来说，我们要面对信息超负荷、工作与生活失衡以及不确定的未来工作与生活保障等问题。虽然科技给我们带来了诸多工具，让我们享有更多自由，作为消费者，我们享有令人眼花缭乱的选择，能够吃到几分钟之后就奉上餐桌的美食，能够联系到全世界几十亿人，然而……

　　我认为，我们并没有为在现代世界中自如地生活做好准备。今天的中小学、大学和职场都不能教授让我们能够在现代世界中游刃有余的技能。现在大家虽能随时随地获取自己所需的信息和知识，方方面面的生活相较于过去都大幅改善，但仍无法真正心怀使命、热情、快乐地过好自己的人生。幸运的是，能够帮助我们赢得这样的成功的能力并非镜花水月！

　　那么，要真正经营好人生的话，我们需要什么能力？什么能力能够让我们在工作、家庭、亲情和爱情中都有所成就？什么能力不仅在我们初入职场时有益，还能在人生成长中的各个阶段都有所助益？当然是那些功成名就、影响出众和幸福快乐的人无一例外所仰赖的软技能。我认为，这些是决定一个人竞争力的能力，是支持我们应对改变、面对挑战、充分把握现有和潜在机遇的能力，也是使我们过上更幸福人生的能力。

知识面和专业技术能够为你挣得面试的机会，但你的软技能才可以让你在面试中脱颖而出，也是你的软技能可以让你在面对不确定性时，拥有敢于创业、承担风险和拥抱改变的决心和毅力。这些软技能还能启发你更好地利用现有的诸多工具，以便更好地与人交往，获得更多的经济报酬，更有效地远程工作，能以适合自己的方式更好地把控工作。

> **正是这些软技能支撑着成功、高效且快乐的人。**

能否通过增强个人能力来提升工作表现、发掘自我潜能、实现经济自由、获得满意的人际关系和家庭生活，这全在于你我是否有决心，能不能对社会有所贡献。成为最好的自己，同样也在于你我，这需要我们当仁不让，肩负个人的责任，提升自己的竞争力和技能，不仅为了在现代社会中生存下去，更是为了让自己能有所成就。

值得庆幸的是，今天我们所需的能力均可以得到发掘和提升。这些能力本就与生俱来，本书会向大家解释为什么它们在今后的社会中至关重要。阅读本书，读者还能学习到通过开发和运用这些能力迈向个人成功的方法。

一切在我

今天的社会存在各种未知，我们更习惯指责埋怨而不愿承担责任。然而，其实我们无论身处何种境地，都可以有力地掌握主动权，因为我们每个人都有未开发的潜能，都未充分发挥自己的能力。还有什么情况比今天的世界更能够有力地激发我们这些能力呢？若是换一个角度看待今天的社会，它便是一个充满机遇和变革的大时代，这个时代同时也充斥着困难和挑战。一个人出类拔萃、大放异彩绝无可能吗？并非如此，尤其是当你能深入自我，从自身探寻力量、能力和安全感的话。

今天的世界似乎有很多令人丧气的因素，阿德里安·多恩在《全球大势》这本书中表示，在今天的世界，经济前景并不明朗，由于未解决的历史问题和我们面对可预见未来时的被动，全球几百万人的生活状况正在恶化。不过，我们也可以将此视为迎难而上、肩负责任、完善自我的机会，为此，我们需要依靠自己，从自身汲取资源。

过去，我们未必需要有韧性或乐观的心态，但现在这两项关键的个人能力缺一不可。生活中充满节奏和压力，未来还不甚明晰，更需要我们在面对拒绝和失望时能够绝地反弹。养成和加强乐观的心态也是有韧性的表现，但还能赋予我们以全然不同又卓有成效的思维方式和应对挑战、挫折的方式。我们的乐观程度会影响我们的人生，改变我们做出的选择和选取的方向。

今日世界所需的全新技能

个人能力和软技能都是老生常谈的话题了。大约20年前，人们认识到，初入职场的新人常常缺少关键的能力，比如沟通技巧、团队合作、敬业心、自律、写作能力和解决问题的能力，这些大体被归纳为"21世纪所需的能力"。我在世界各地的咨询工作中发现这些能力可能被冠以"软技能""人际能力""关键能力""核心竞争力""常用技能""受雇能力""人生技能"等名称，我们若是进一步将这些能力归根究底，会发现它们包罗万象，所反映的内容包括我们与人沟通和管理冲突的水平、与人合作的意向、生成创意的能力和好奇心，但对于如何称呼这些能力和具体包含的内容则一直存在困惑和歧见。

大多数政府都高度重视这些能力，但它们在各类职场的各个层级中仍然凤毛麟角般存在着。为什么？

在过去10年左右的时间里，社会中的变革、人们相互之间沟通方式的变化以及经济的发展状况使这些能力不再那么重要且急需了，像写作技巧和解决问题的能力均受各类新生科技的影响。中小学和大学均不会直接教我们如何更有创造力，如何保持好奇心以及如何与人合作，但实际上，学校有很多机会教授这些能力。即便要了解如何更擅长团队协作，也没有直截了当的衡量个人对团队贡献的方法，这需要一位老师来引导学生持续地进行自我反思，并在团队作业后进行相关总结。

随着科技的进步以及科技在人际关系领域的普及，需要我们有更强的沟通能力。如果我们过去未曾提升自己保持专注地与人沟通和合作的能力的话，现在这项能力可能会更加严重地被弱化。我们需要慢下来，无论是由敏捷的思维、快速的行动还是科技产品造成的快节奏，都会使我们成为不合格的沟通者：我们可能不懂得如何倾听，在别人说了几个字后便以为对别人的意思心领神会了，继而打断人家。我们完成任务时所需的一套大脑功能总称为管控功能，由大脑中称为额叶的区域所控制，管控功能包括集中注意力、忽视干扰、记住并利用新信息、计划行动、修订计划和抑制冲动的想法和行为。我们的大脑当然有执行这些功能的能力，但会被我们使用科技产品的习惯所削弱。长期使用智能手机对于集中注意力、管控情绪、思考、记忆和关注的能力有持续的负面影响。[1]反过来，比较讽刺的是，管控能力比较弱的人，利用辅助性科技却能够大大提升自己的这些能力。[2]

同理心在网络和日常生活的人际关系中均可以加以利用并不断提升，因为增强同理心在某种程度上便意味着专注当下。长期练习专注当下和正念力，对于提升集中注意力和管控干扰的能力大有裨益。

> 适应力、批判思维、同理心、正直、乐观、主动性和韧性这七项能力能够带来全新的改变！

当我们预测未来时（比如2030年），大多数研究都把焦点放在就业岗位的消失和工作的自动化上，导致大家人心惶惶。实际上，我们也可以换个角度，展望一个充满惊喜、机遇的未来，2030年的工作岗位要求我们具备完全可以培养和提升的能力。根据《培生和英国创新基金会未来技能（2030）研究》报告[3]，2030年的职场需要以下技能：

判断力和决策能力。 能够评测不同选项的相对成本和受益，并选择最优、最高效的方案。

原创性。 能够提出对于各类话题和境况非常规的独到见解，并设计出别具创意的问题解决方案。

学习策略。 分析全新的信息对于当下和未来解决问题和制定政策的启示。

思维流畅性。 能够就某话题贡献大量的想法（不论想法的质量如何）。

积极学习。 能够发掘并使用恰当的学习和教授新技能的策略。

当我研究这个清单时，很自然地将这些能力与适应力、乐观、韧性和积极性联系起来。批判思维也很关键，同理心和正直则是锦上添花，能够巩固我们的人际关系。大家注意，我们在此所谈的背景不仅包括职场，这七项能力对于一个人的身心健康和人生的幸福感也有重要影响。

> 我们应该传授给孩子们什么？要能在竞争中保持领先，你需要持续地提升适应力，同时学会与人共事，最重要的是要维护自己的特性与核心价值。对学生来说，不仅要学习知识，还要学习如何学习；对我们其他人来说，需要铭记自满使人退步，认识新事物、培养新的思考方式必须成为我们终生不懈的事业。
> ——普华永道战略与领导力全球负责人布莱尔·谢泼德[4]

变革的重要驱动力

我们深入探究下当今世界最重要的趋势和变化，讨论为什么在自己的生命中需要培养和提升这七项能力。

科技

科技的进步彻底改变了我们今天所处的世界。这是一个互通互联的世界，我们在线上的存在越来越显著，全球化使我们不仅要与本地的同行者竞争，还要面对国际竞争。对劳动者阶层来说，哪些能力是必备的？此时，我们不应只谈一种职业自动化的可能性有多大，而要关注应该发展哪些能力，因为我们的能力是可以自己掌控的因素。未来会全然不同，这点我们已了然于胸。

当思考为什么我们需要在职场和个人生活中提升自己的软技能（或人际能力）时，科技是个关键考量因素，为何如此？有两大互相关联的原因：

1. 我们现在会花大量时间与一面电子显示屏互动，要处理海量信息、消息和数据。这意味着，关键的人际能力正在被忽略，而人际能力理应是在人与人面对面的场合中通过反复实践才会得以提升的。

2. 我们在网上耗费的时间会扰乱我们的精力、注意力和倾听能力。这些能力都是有效沟通的关键因素。设想一个很典型的在家放松的夜晚：你可能一边看电影，一边与人聊天，一边还在浏览网上的信息，回复邮件与短信，你以为自己在"多任务工作"，但你的大脑却很难专注，你实际上是在走马观花地分散自己的注意力。再设想一下，当你在努力完成一项重要的工作时，自己集中注意力、排除干扰的能力，甚至你的工作质量，都会直接受到你身边的科技的影响。

就科技本身来说，如今新产品研发的速度和旧产品淘汰的速度都是前所未有的。今天有关一款iPad的具体细微知识，可能2年内就过时了。而在20世纪50年代时，一位技术工程师能够依赖自己的所学修理几十年内生产的轿车。今天如果要走在变革前头，我们得付出远多于过去的努力。同时，科技在某些工作岗位上能够提升人的绩效，还能创造全新的工作机会和行业。由于现在互通互联的普遍性，将一切事物，包括我们居住的城市、使用的产品，甚至我们的身体都赋予"智能"变得越来越容易。P2P（互联网金融点对点借贷平台）改变了行业运作和控股的方式；共享经济带来了打破传统的新颖的营商方式；自动化只是众多科技大势的一方面而已，其他趋势还有诸如生物科技、纳米科技和物联网等，这些对于未来就业市场的结构都会有深远的影响。

思考一下

我最近养成的一个坏习惯是：每当我带着iPad上床，想去读刚下载的一本书时，虽然我会告诫自己要集中精神，但我还是会分心，不断地查看邮件、刷推特和脸书。这让我无法放松下来，导致睡眠也被扰乱了。这个坏习惯养成很简单，摆脱却很难。实际上，为了打破这个习惯，我还试着把这些应用从设备上一一删除。即便到现在，我依然得和这个坏习惯做斗争，而在斗争的过程中会让自己付出失眠和焦躁不安的代价。

受益于新兴发展中国家的廉价智能手机、上网流量套餐和全球互联网的日渐普及，在今后很长时间内，每年全世界能够接入网络的人数大幅增加。不管是普通人、专业人士，还是企业，都会使用在线沟通工具。对很多现代人来说，没有互联网的生活已经变得难以想象。

如果你觉得在过去的20年、10年，甚至5年内，科技和社交媒体给社会带来的变化已是翻天覆地的，那未来的变化更会如此。今天的科技产品不断迭代更新，可以思考一下：无线电会如何改变阿凡达式的机器人？抗衰老药物对大家的人生有什么影响？今天我们所熟悉的科技也会持续演进和变化，比如，我曾在自己的网站上开设过一个论坛，但没过多久，论坛作为分享信息和开展讨论的平台便成为明日黄花了，以爆炸式速度取而代之的是社交媒体等新平台。

我们都要与时俱进、不断学习。一般来说，科技的发展是渐进式的，我们在日常生活中很难留意到，这就更需要我们在生活中时常花心思来管理和了解科技的变化。告诉自己"今天我打算学习一项新技能"已经不够了，面对万千变化，忽视对自己潜能的充分开发的代价是巨大的！

一个人的软技能会因为科技的持续进步更加凸显。

诸多企业因为不能顺应时代潮流而沉沦下去，这是个不争的事实，但数据显示，通过创新、快速地革新和颠覆行业格局，更多的企业不断涌现，科技为能够审时度势并且坚定果敢的新入行者开启了很多大门。

各行业所需的核心技术都在发生改变，一个常见的例子是3D打印。通过3D打印技术，创造一个新物件的成本与量产化的成本不相上下，模具也可以快速制造出来，成本低廉。目前3D打印的长远影响难以预测，但有经济学家断言，3D打印的出现对今后世界的影响不亚于当年工厂出现的影响。所以，那些顺势进入3D打印领域的公司和个人，即便在短期内需要冒一定的风险，但从长远来看，应该会取得成功。以开放的态度利用这些科技的社会、企业和个人当然也能够夺得先机，因为现今模具的创造、将产品推向市场的难度和成本都比原来低了。这也是我们为什么要有高度的适应力——我们需要这项能力来应对所有变化，甚至想到不可预知的变化，并努力将其为我所用，转化为自己的成功。适应力在今日世界中是一项关键能力，对于个人的持续学习和不断进步也是不可或缺的。

从个人层面上来说，一切变化都要求我们在个人成长过程中要有信心、决心和乐观心态，这些其实都是你我已经具备的品质。

职场的变化

我们工作的方式不断变化，在过去一段时间中，传统工作组织形式正在被淘汰，甚至"办公室"这个默认的工作地点也在发生改变。大家使用的工具和科技会重塑我们所处的社会、经济和政治组织形式，这些变化催促我们要面对以下挑战：

对自己的工作和职业生涯拥有主导权。 我们过去所期待的"铁饭碗"将不复存在。领英的首席执行官、联合创始人里德·霍夫曼在他所著的《至关重要的关系》这本书中说，我们都是天生的企业家，而企业家的思维在全新的时代会对我们有很大帮助，我们需要重新发掘自己的这一天赋。他将我们的工作和职业生涯比作一架固定路线的"扶梯"，乘坐"扶梯"的人按部就班地经历教育、工作、培训、升职，而现在这架扶梯的每一处都堵住了，我们需要且必须疏通"扶梯"，所以主动性作为一项关键能力至关重要。

灵活、聪明、独立地工作，与跨时区和跨国界的同事在线合作。 我们面对面的人际沟通能力如今需要扩展到网络、电子邮件和跨文化的场合中。同理心决定了我们理解别人的能力，无论你是团队成员还是领导者，不管是在线上还是线下，高度的同理心都能提升你的工作效率。

长足提升自己高效运用数据的能力。 不管经营公司还是管理个人的健康和财务，我们的工作和个人生活都变得越来越依靠数据，通过数据确定趋势，依赖数据做出决定以及使用数据获得所需结果。新的媒体科技给我们的沟通方式带来了变化，我们需要提升自己的批判思维能力，还需要利用逻辑和推理来分析各种方案的优缺点、得出结论并确定解决问题的方法，这项能力对于管理和消化我们在网上所涉猎的海量信息也有所帮助。

调整职场的年龄构成。我们可能需要将传统的退休年龄延后，这更需要我们做自己享受、擅长并能促使自己不断成长的工作。未来会有很多令人憧憬的机遇，但同时我们得摒弃现在对于工作和职业生涯的看法。

> 职场的变化给我们的工作与生活的平衡带来变化，创造新的产业，也为组合型自由职业者和准备展现自己各种能力的人创造了机遇。

职场中的一切都以实际绩效为依归，必然没有什么是一成不变的，各种规则会被不断推翻，没有什么工作是绝对安全的。新的经济形势需要新的技能，我们需要不断地去适应新的改变，让自己能够与时俱进、灵活变通。

全球化

全球的劳动力市场正在变得越来越一体化，西方在创造就业机会、创新和政治影响力等方面不再独占鳌头，经济和政治的天平越来越向金砖国家（巴西、俄罗斯、印度、中国和南非）倾斜，即便金砖国家内部也会有经济下滑和不平衡现象，但这个上升趋势依然不可阻挡。

我们都熟悉印度呼叫中心的案例，将此类工作外包造成西方在信息科技、客服和软件开发领域的工作流失，但金砖国家的前进方向不限于此。新兴市场也在供应链上不断攀升，超越传统的低薪制造业工作转向高端研发、创新和设计行业。印度有超过2亿大学毕业生，英美的大学则利用这类机会向海外扩张，英国的很多大学和私立学校都在国外设立校区，在印度和中国设立校区最为普遍，因为这两个国家贡献了全世界四成人才[5]，还有些教育机构在马来西亚、中国和新加坡开展了跨国合作办学项目[6]，印度与美国的教育机构合作，已设立了14家研究型和创新型的高等院校。对英国来说，这个趋势也尤为重要，因为英国的高教市场仍被认为处在国际化的起始阶段。[7]

在全球化市场中，对于工作机会的竞争也将变得更加严酷。工作机会将变得更加两极化：一端是高薪、高技术的专门化职业，另一端是在零售、休闲、健康和餐旅领域的低薪工作。然而，全球化还能创造多元文化互相交流的机会，具备与此相关的能力的人才必然有竞争优势。[8]

很多现有的职业已经体现了服务行业的发展，这类职业也将享受更广泛的需求。在此需要强调，未来的工作岗位可能与今天并没有太大改变，改变的是我们做工作时所采用的技术和能力。人际交往能力、高级认知思维能力和重要的人事技能都无法被自动化，这些能力的重要性会越来越凸显。

思考一下

联合国预测，到2030年时，全球将有49亿人居住在城市中，到2050年时，城市人口相对2030年会有72%的增长。目前，全球一些大城市的GDP已经超过了很多中型国家，使得城市成为创造就业机会的主体。

随着金砖国家经济的发展，其政治影响力也会不断提升。[9]如果你所在的地方没能与这些国家建立某些关联，你有可能处在一个不断萎缩的落后之地，就更应该提升自己的各项能力了。虽然金砖国家最近也经历了经济困境和社会变化，但这些国家还是能保持推动世界经济增长的龙头地位。美国是世界上最大的债务国，中国是其最大的债权国，如果这个趋势持续下去的话，或许将来印度的经济也会迎头赶上。

> 你需要主动且灵活地面对改变，为何不通过学习一门外语来改变自己？

不断变化的政治地缘版图会带来很多机会，像巴西、印度尼西亚和土耳其这些中型新兴势力也正重新定位自己的地区角色和国际角色，为解决地缘政治问题创造新的对话平台。商界和社会对于合作的需求将得以增长，迅速增长的国家，尤其是拥有庞大的劳动年龄人口的国家，如果能鼓励营商精神，吸引投资，提升自己的教育水平，将会获得最大的收益。科技的发展会扩大发达国家与发展中国家的差距，如果没有重大且可持续的投资计划，失业和人口外移等问题将会持续恶化。

面对一个充满变数和活力的地缘政治版图，那些掌握重要信息知识、能够灵活应对改变的人，将有很大机会获得成功，这些改变也将为力图迎合全球市场需求、突破现有行业的创业者制造空间。这些变化在发达国家能够保证人们继续享有目前较高的生活质量，在发展中国家则能够帮助人们摆脱贫穷[10]，还将促使人们更加灵活地移动，能够适应在不同国家就业和生活。

人口结构的改变

我们目前正在经历人口结构的改变，不但会给人类未来生活和工作方式带来重大影响，还会给医疗、金融、住房和教育行业带来连锁效应。除个别地区外，全世界人口趋向老龄化，给工商业、社会部门和各经济体都带来了压力。

我们的预期寿命正在延长，整体健康状况正在提升，未来的工作年限也将得以延长。对大多数人来说，65岁之前退休并领全额养老金已经成为过去式了，将来到70多岁，甚至80岁还未退休也不再是无稽之谈。全球人口寿命的提升意味着年轻人要面对来自更有技术和经验的年长者的竞争。按照目前的全球趋势，到2050年时，平均每4个劳动年龄的人就要供养1个65岁甚至更高龄的退休人员。[11]也就是说，如果我们想和过去一样在65岁左右退休的话，将无法获得可持续的资金支持。这是我们必须接受的现实，在西方尤其如此。这个状况发人深省，我们除了尽力适应并面对已经如期而至的未来别无他法。正在登上舞台的千禧世代会有全新的、特色化的消费和工作习惯，在1980年到2000年出生的他们是第一批在进入数字社会之后成年的，对于效率、参与度和透明性有更高的期待，对冒险和信心的态度也与前人不同，在成功、金钱和生活方式的追求上也与众不同。

世界各地的年轻人也需要提升这七项能力，以此来把握机会，开创全新的事业以及不同以往的工作方式。当然，年长的人不可以与年轻人共事吗？在我们迎来"五代同堂"[1]的职场时，可能也会看到往日盛行的导师制度再度流行起来。我认为，鼓励世界各地的年长人士在达到传统退休年龄后继续在工商业、经济与社会中发光发热，这也不失为极好的举措。那些既能保留高龄员工的丰富经验和宝贵知识，又能把握年轻、多元员工活力的企业，未来前景必然一片光明。

---

[1]　所谓"五代同堂"，包括传统世代（1946年以前出生）、战后一代（1946年到1964年之间出生）、X世代（1965年到1976年之间出生）、Y时代或千禧一代（1977年到1997年之间出生）和Z世代（1997年以后出生）。——译者注

思考一下

　　不管你当下多大年纪，将来可能都会继续工作很多年，因此，从事自己喜欢又擅长的行业极为重要，同时要认识到，自己所从事的职业会不断革新。这一切都是激励你增强个人技术和能力、把自身资源作为应对法宝的动力。我们每个人不仅有应对的资源，也有大放异彩的潜能，你我身上潜藏的韧性、主动性和适应力，远超过自己的估量。

　　就我个人而言，我并不期待"退休"，因为我将工作视为内心动力的源泉和回馈世界的途径。当然，我还会把自己的职业生涯看成一个利用自己所积累的经验和技能重塑自我，不断打磨自己的过程。处在中年职场上的人们需要继续保持创新，为自己职业生涯的下个一阶段做出改变，这不仅因为他们如今需要工作更长的年限，还因为他们所做的工作的性质和地点也会不断变化。一个人在过去10年中所积累的经验未必能支撑他接下来10年的工作，既然我们期待自己能够长寿，那么每个人也都应该对未来人生怀有灵活开放的期待，还需要努力让自己保持健康，享受成就感和价值感，而非庸庸碌碌，得过且过。这一切离不开韧性，因为韧性能够让我们进行自我关照，建立紧密的人际关系网，确立自己的志向并从容勇敢地拥抱改变。有幸，我们每个人都能够提升自己的韧性。

　　最好的机会是为那些有志为社会和业界做出贡献的人才准备的，世界的发展，一直需要这样的人才。发展中的经济体会为志在奉献的人提供开拓创新、职位晋升和个人成长的机会。要让自己成为这类人，必须重视教育和终生学习，提升自我认知。

健康

我们都知道自己未来的预期寿命会很长，但如果健康状况不佳的话，更长的寿命未必是好事，健健康康地享受生活才是理想的状态。提升个人能力的一方面便是要提高对自己健康的认知和保持健康的观念。事实证明，如果一个人的身体素质更好，那他的意志可能会更坚强。

我们所面对的健康问题的性质会随着老龄化、城市化、生活方式的改变、传染病的全球蔓延以及慢性病的困扰而发生变化。在高收入国家中，70%的死亡出现在70岁或以上年龄的人群中，这些人会随着年纪的增长而更易得多种慢性病。在西方，我们可能会看到家庭内部年轻人赡养老人现象的回潮，因为现行的医保体系无法提供足够的疗养措施，并且医保所需的经费也会不断提升。所以，树立一种自我保养意识能够保证自己安然度过老年，这需要我们采纳更为灵活的生活方式。出生在今天的大多数孩子，在其将来的职业生涯中会涉足不同的工作，经历多次职业转型。

我们的健康和生活方式与自身潜在的资源和能力有紧密联系。比如，事实证明，如果你想提升自己的毅力，从身体着手，锻炼自己的肢体力量是极为有效的方法。如果我们能养成乐观的心态，这种心态便能促进我们健康长寿，为我们带来毅力和活力，敢于面对生命和未来。

有不少简单易行的保持健康和延长寿命的方法，包括花时间来放松和为自己充电（远离科技产品）、注意饮食、日常锻炼和保证充足的睡眠。这些方法虽然简单易行，却并非说到就能做到。它们的重要性理应不亚于我们复杂的"待办事项清单"上的各个条目，是我们获得平衡人生的关键。

我们需要提升的不少能力都在神经科学和脑科学中有据可依，比如，现已证明，我们可以培养所谓的"工作记忆"，这种记忆会随着年龄的增长而增强。其重要性在哪里？工作记忆就像头脑中的速记本一样，能够促使我们改变行为，做出调整，认识到工作记忆会随着年龄增长而增强（而非弱化）是一个突破，给我们对衰老的认知带来了180°的翻转。此外，工作记忆对我们的批判思维能力也有重要的影响。

类似地，练瑜伽、普拉提、运动和冥想，对提升我们的思维能力也有重要影响，像正念和冥想这类练习则与我们表现同理心这一关键且与生俱来的能力相关，通过这些方式锻炼身体，还能够提升我们的韧性和主动性，帮助我们集中注意力，专注在此时此刻。

> 冥想、瑜伽和正念作为提升韧性和同理心的方法，正在越来越广受欢迎。

教育

在西方，教育虽然十分受到重视，但学校所教授的能力未必是当下最重要的能力。年轻人在完成学业时未必能学到在职场获得一席之地的能力。2017年"CBI/EDI教育和技能调查"显示，不具备受雇能力的青年毕业生数量居高不下，对中学毕业生和大学毕业生来说，主要缺乏的能力包括沟通能力、团队合作能力、解决问题能力和自我管理能力。全球性的调查也反映了类似的情况，目前已步入职场的员工身上普遍存在核心职场技能缺口，比如缺乏阅读和计算能力。全球仍有大约7.75亿成年人无法阅读或是管理银行账户。

发达国家的学生目前被灌输过度复杂的知识，教育者却忽视了他们所要实际面对的世界。如今，他们的学历文凭已然超过职场的需求，但即便是大学文凭也无法保证能得到一份工作，或使其掌握职场所需要的真正软技能，或许这本来就不是大学的职责，但年轻人还能在哪里提升自己的这些能力呢？经济的压力使越来越多的儿童被送到全日托或早教机构，导致严重的"过度学习"。普遍来说，不管在西方还是在新兴国家，教育都开始地太早，而且延续的年限太长，虽然现在教育和就业的关联越来越受到重视，但教育体系和劳动力市场仍然脱钩，可能会出现青年失业现象，且失业规模扩大，影响一些国家。即便有工作机会，没有获得适当的培训和帮扶，年轻人可能也不具备受雇用的能力。政府需要和企业加强联系，确定后者的需求，并将其融入教育体系中。目前这种合作已初现端倪，但仍有很长的路要走。

教育常常将关注点放在师资、学校、课堂、资金、政府和家长等方面，而不会强调学生本身的责任。这样便使得个人可以堂而皇之地不为自己的行为负责，因为人们将失败的根本原因归咎于环境等外部因素，而非个人本身，这种观念致使一种"咎责文化"的滋生。我很确信，年轻人其实可以不用花高昂的学费接受额外的教育和培训，无须等到入职后再开始主动提升自身的这些能力。

> **很多能力其实唾手可得。**

通常来说，让年轻人接受高等教育，进行专业学习是一个优良传统，但需要将其所学付诸应用，被贯之以目的。如果学生不同时获得会计、教学和法律方面的训练，那些人文学科的学位会成为昂贵而不实用的"奢侈品"。然而，其实会计、数学、法律等方面的职业也只需要速成学位或优等肄业即可，不必需要一张完整文凭。很长一段时间以来，修通识课程的毕业生就不会再自动获得高薪的就业机会了。在德国，年轻人可以在职业学校学习350种技能性专业之一，不读大学的青少年可以申请读包含课堂学习和企业实习的3年制学习项目，企业会深入参与这些项目。多至2/3的德国学生会接受学徒培训，其成本由企业和政府分摊，这种传统在德国社会广受好评，其成果是包括理发、餐饮服务在内的"德国制造"的诸多优秀产品和服务！当然，对这种体系的批评也广泛存在，对德国不能培养足够数量的大学毕业生的指责也不绝于耳，但在目前的经济中，难道这种双轨制不是变得越来越有吸引力吗？[13]在英国，职业培训一直以来都不受青睐，被视为次于学术教育，直到今天，这种观念才逐渐动摇。近些年来，德国通过大众公司，将自己的学徒培训推介到了美国，取得了显著成功[14]，这些项目今后可能会一直受到推崇。英国的学徒制融合了大学教育和在职培训，也正在异军突起。

案例研究

在为本书第二版开设的播客系列中，我采访了优秀的弗吉尼娅·艾萨克，她曾在教育和其他领域担任过不同的职位。以下引言摘自她分享给我的她在2018年为十年级和十一年级学生所做的演讲：

> 当我刚就任"灵感创造未来"基金会的首席执行官时，我就坐在我最崇拜的"职业导师"旁边，他的名字叫托尼·沃茨。他让我介绍我自己，我便如数家珍地告诉他我之前所做的所有工作。他认为我的一系列工作经历不是一个阶梯而像在"不规则铺路"，我说我尝试过那么多东西，所以没有职业顾问能够告诉我应该做什么。托尼很淡定，他说："弗吉尼娅，你的例子是典型的'计划性巧合'。"我到底追求的是什么呢？资格证书当然很重要，但一个人的职业生涯可以往深处走，也可以往广处走。托尼观察到，我是那种让自己培养了一整套不同的"跨职业能力"的人，这些能力包括：
>
> ◇ 适应力
> ◇ 灵活性
> ◇ 乐观和激情
> ◇ 冒险精神
> ◇ 出色的人际沟通能力
> ◇ 判断力

◇ 韧性

◇ 批判思维

当然，这些不是全部。事实上，所有能力——不管是软技能还是硬技术——都很重要，都能够运用在不同的岗位上。学习知识和专业技能常常是更容易的一方面，而将其运用的能力全然不同。

所以，我想请大家思考一下——

我们可能会活到100岁，所以不要着急一下子拥有全部，我们有足够多的时间来尝试不同的事物和在职场中进进退退，如果想要孩子就生孩子，想游遍世界就游遍世界。大家将来肯定会工作到70多岁，所以要努力确保自己选择适合自己并且喜欢的事业。

我们不应该仅仅考虑把精力花在自己身上，还要找到对社会有用的事业，让自己在社会中不仅是索取者，也是贡献者。你们一些人可能想挣很多钱，另外一些人想要待在家里照顾孩子或服务社区。这些没有什么标准答案。

成功的形式多种多样，有些容易有些难。一定要努力获取资格证书；一定一边成长一边学会多种技能，确定自己的能力并能够将其准确地表达出来；一定要积累大量的经验，多加尝试，即便你不会成功，也能变得更加强大。

今天的社会对终身学习的需求不言而喻。现代世界复杂多变，不允许因为有了文凭便思维僵化、停滞不前，因为知识永远是无穷无尽的。马丁·塞利格曼在其著作《持续的幸福》一书中表示，现在所有年轻人都需要学习职场技能、保持身心健康的技能和积极心理学。他还提到，如果你问家长想要孩子成为什么样子，他们可能会说，希望自己的孩子快乐、自信、平衡、善良、健康并充满爱心；学校则教授课业、思维方式、成功、识字、考试和纪律。塞利格曼认为培养诚实、忠诚、毅力、创造力、善良、智慧、勇气、公正等人格品质非常重要，也许有些学校

认同这一点，但在主流教育产业中，这种实践并不多见，培养这些人格品质应该获得更多的重视和大力支持。

如今，我们既需要有用的理论知识，也需要有将其付诸实践的能力，还需要有为人处世的价值观和职场技能，这要求我们想方设法提高对在教育体制之外才能学会的能力的重视，学习这些能力需要我们体验不同的人生经历与机遇并敢于冒险。传授价值观、毕生可用的技能、阅读和算数能力，对于培养未来的主人仍然是不可或缺的。

付诸行动

传统的自助观念认为，如果你想丰富自己的人生，首先要改变自己的思维方式，可以通过运用积极憧憬和自我暗示来改变，也可以通过广泛的积极思考，这样可以对你的情绪和感受产生影响，其后，你的行为和结果也会有所改变。理论上来说，这些方法听起来大多很有道理，但实际上并无效果。积极憧憬和自我暗示都是通过运用放松性的技巧和培养自信来实现的，全然无关如何应对挫折、需要付出什么努力和采取什么做法——这些在实现任何目标和调整行为中都不可或缺。

但改变依然是有可能的，几十年来的研究均证明，有一种简单且高效的改变思维和心态的途径，这个途径要求你首先将关注点聚焦在自己的行为上。[15]通过运用本书所强调的适应力、批判思维、同理心、正直、乐观、主动性和韧性这七项能力，读者可以逐渐地深入挖掘和提升自身的资源，让自己真正有所改变。

未来一片光明

在任何层面上，我们都在经历变革。今天，前所未有的提升自我、实现终极潜能的机会就呈现在我们眼前。成功指日可待，因为每个人都拥有提升个人所需关键能力的资源和可能性。我们需要努力在人生中专注当下，提升自我认知，在工作、生活和人生道路的选择上积极主动。每天我们都有学习新知识、积极作为、提升自己、持续成长的机会，每天我们也都有运用并提升七项能力的机会。我们只需敞开胸怀，努力发现这些机会。

我们正在迈向新的时代，可以利用有限的资源实现更多可能，八成成果和影响产生自两成行动。我们要专注自己可以采取的微小而渐进的行动，不要被一下子提升一整套能力而吓倒。多项行动齐头并进只会浪费努力和资源，效果不尽人意，应该步步为营，将精力集中于那两成行动上，便能带来明显的积极改变。本书意在指导读者如何这样做。

这七项能力能够给你带来成功，助你赢得或创造工作机会，挖掘自身力量和实现内在潜能。我们来具体分析一下这些能力是如何做到这些的：

1. 适应力：如今，灵活、变通、敏捷越来越重要，足智多谋、创意丰富在你面对挑战和把握机遇时不可或缺，为什么？因为整个世界正以前所未有的速度和节奏发生改变，并且改变就在你我身边，会成为常态。拥有强大的适应力，意味着你更能应对未知和风险，不会在其面前乱了阵脚。

2. 批判思维：我们的态度需要比以前更开放，因为批判思维是在21世纪取得成功的基础。要抛弃成见，我们需要能够从不同角度看问题，不拘泥于传统思维，与人合作，制定目标和寻求解决方案。解决问题的能力也从未如此重要，能够有效地处理大量数据，想出诸多创意也需要我们思维灵光。一个人必须要勇于挑战传统，适应不断改变的态势和环境。不要错过亲身实践的机会，否则会停滞不前。

3. 同理心：同理心是真正理解别人的经历，能够从他人角度看待问题的能力，这个能力也可以被称作"社交洞察力"。为什么同理心如此重要？因为如果没有同理心，便不可能拥有高度倾听他人的技巧和真正尊重他人、珍视人际关系的能力。现在我们的很多言行都暴露在大庭广众之下，管理并巩固自己的人际关系也是一项关键技能，需要你用心用力来实践。哪怕你无法万无一失，但积极锻炼自己的同理心，也会让你在大多数情况下做到尽善尽美。

4. 正直： 随着生活节奏的不断加快，很多人会忽视像准时赴约、回拨电话、按时完成任务等行为准则，这些看起来是小事，却能反映大问题。坚守信任、价值、原则、诚信以及真实，是现代社会的基本法则。人的言行应该与自己的价值观高度一致，在经历大风大浪时，也要始终如一，做自己的避风港，正直能够引导我们做出对自己的人生有利的决定。

5. 乐观： 无论生活待你如何，你若一直懂得如何培养和保持乐观的态度，就有可能会获得快乐的人生。世界并不是由乐天派和悲观者组成的，学会深呼吸、放松心情、真心诚意让自己快乐起来，我们便能够让自己保持乐观的心态，对生活保持热情。

无论在哪里，你都可以让自己充满善意和正能量，这会为你带来诸多利好。在充满未知的境况中，影响并鼓舞自己和他人的能力尤为重要。

6. 主动性： 在人生和职业生涯中，你可能需要多次重塑自己，这何尝不是一件令人兴奋的事！很多人有可能做自己的老板，拥有组合型的自由职业，甚至创立自己的公司，即便不是如此，你也有可能数次更换职业或改换角色。积极主动，意味着克服拖延，对周遭发生的事情主动做出回应，而非按兵不动，畏首畏尾。主动性最重要的意义是让人将精力集中于自己可控的因素上，而非强求改变不可控的因素。

7. 韧性： 应对困惑、承受压力、克服挫折都会让人精疲力尽、疲惫不堪。韧性能够助你触底反弹，以最佳状态面对一切，保持镇定自若。处在人生的转折点上时，我们都要面对压力，压力有时还会给人带来创伤，我们如何看待压力对于我们整体的身心健康有重大影响。

希望以上能力你都已具备。如果我请你回顾自己目前的人生经历，你可能会想到自己曾多次运用其中之一或更多能力的时刻。我们只是在通过日常反思性的行为来增强这些能力方面做得还不够。增强这些能力可以让我们更加坚强和快乐，拥有充满意义的工作和充满价值与幸福感的人生。

为什么受益的不能是你呢？为什么不立马行动？

本书后面的各章会以最前沿的研究为佐证细致地讨论每一项能力，我将帮助读者理解每一项能力的具体含义，以及我们对这些能力的需求及其重要之处。

每一项能力均可以以不同方式得以提升，我们需要知道，提升这些能力的方式会因个人的性格、特点、境遇而异，关键是要为自己找到简易可行的方法。

◇ 你将学会从容有效地处理来自四面八方的信息。

◇ 你将备有应对改变的策略。

◇ 哪怕面对不明朗的职业选择和不确定的未来，你也可以取得成功。

◇ 你能学会更好地平衡工作与生活。

◇ 你将更擅长面对风险、做出决定、与人合作和获得创意。

对每一项能力的阐释都会包含实际的建议和练习，以及"某某的一天"这种形式的具体案例研究，带领读者近距离体会他人的生活，就如同利用放大镜考察这项能力与其作用一样。如果我们能够养成在日常生活中培养和提升这七项能力的习惯的话，很快就会发现自己所做的决定、自己的幸福感和人际关系将大幅改观。

自从这本书第一次出版之后，我又设计了致力于提升对七项能力的感知力的体验学习工作坊，这些工作坊由我的公司和认证培训师团队主持，来自各行各业的人士均有参与。我们知道，自我认知是所有行为改变的基石，这七项能力是在日常生活实践中提升的。这类工作坊带来了惊人的学习效果，但工作坊培训练习的内容始终如一，不管参与的人士是来自国家医疗服务体系的医生、企业代理律师、大学毕业生、人力资源部职员，还是来自弱势族群的青少年，唯一改变的是针对每个群体为这些能力设定独特的语境以及我们向每位参与者提供指导的方式，这使得所有参与者都能体验到改变和成长，并立即获得一些应对策略。

有关一家企业律师事务所的案例研究

当我走进这家律师事务所的智能培训室时，心情就变得有些沉重，这间培训室的设计很像一间会议室，几乎没有挪动的空间，这样的设计是让人被动地坐着看PPT的，最大的空地也不过能容得下一两个角色扮演所用空间。

这次工作坊是实验性的，成功与否取决于参与者的反应，同时也是体验性的，要求大家活动起来，能够直观地显示出问题。我很快就认识到，这种形式对这些人来说是很新鲜的。

"这是给我的吗？"当其中一位参与者注意到每个人会发一本学习日记和一本书的时候，惊讶道："哇，谢谢你们！"轮到她参与时，她兴奋不已。

在工作坊进行的一整天中，这群人全情投入，与他们的互动也令人享受。他们平日工作时间特别长，虽然他们有不少培训项目，但我觉得这是他们第一次体验专注提升自知力的工作坊。

这家律师事务所最近刚经历了一次合并，在培训"适应力"的环节时有人提出了这一点，大家具体讨论了经历这种情况时的感受以及最佳的应对方法。工作坊的练习还让大家意识到自己对于迈出"舒适区"，投入"扩展区"或"学习区"有多大的意愿。

"或许我的适应力并没有自己想象的那么强，我不禁开始思考这给我的人生带来的影响。"

我们每项练习的关键环节是让参与者找出能够运用能力的简单方法来使自己通过日常的实践和高度的自知力，持续开发适应力、同理心和乐观心态。

同理心虽然是最难练习的技能之一，但律师们特别需要这项能力（当然我们都需要）来建立与客户的紧密关系，理解客户的需求并争取新的业务。在练习同理心的时候，需要关注积极倾听的技巧，利用正念来让自己专注当下、深呼吸、全神贯注。

同理心是我们与生俱来的能力，但真正使用这项能力却具有挑战性，因为这需要我们从自己的视角中脱离出来，专注当下，而不是一味关注自身的问题。

当天下午，我们通过一些即兴喜剧创作练习来提升对利用主动性（而非顺从先入为主之见）、灵活性、对当下的关注度以及对待人生和挑战的积极态度的意识，使这七项能力均得到提升。通过此练习，大家还提升了对别人行为对自己情绪影响的认知。

不管你认为半瓶水是"半空"还是"半满"，乐观的心态都是可以培养的。大家未必知道，其实乐观也是我们在日常生活中可以主动做出的选择。每天通过记录自己感恩的人或事来培养一颗感恩的心虽是小事，但对于树立乐观心态有巨大作用。我们还利用一个练习来启发大家在了解各种境况时可以脱离个人主观情感，以便认识自己可以真正主导对于任何境况的应对行动。

结果

所有参与者都认为自己度过了收获丰厚的一天，下面是一些参与者的反馈：

1. 当天工作坊的哪一部分内容最让你享受？

◇所传达的积极信息、激情、令人享受的小组活动、鼓舞人心的培训师。

◇今天我学习到的软技能令我终生受用。

◇练习内容非常实用又简便，可以毫不费力地运用到平常的生活中去，能带来明显的改变。

2. 你觉得自己所学的实用技巧对你的帮助有多大？（五颗星表示帮助最大，一颗星表示最小。）

◇90%的回应者给出了五颗星，另外10%给出了四颗星。

3. 你所学到的最有用的技巧或建议是什么？

◇专注地深度倾听，鼓舞人心的"YES"，重新审视自己根深蒂固的信条和各种成见。

◇正念，肢体语言，即兴创作，对于寻求扩展体验机会的需求。

◇积极倾听——真真正正的倾听。

◇ABCDE技巧、感恩的心和昂首挺胸这种表现力量的身姿。

我很荣幸与这个优秀的群体合作，刚开始我也不知道进展如何，现在，我们却与这家律师事务所（以及其他公司）定期举办工作坊，提升他们的员工对七项软技能的认知。

案例研究——数字项目管理与七项能力

我叫艾莉森·鲁德，我在数字项目管理岗位工作。几年前，我参加了一个提升七项能力的工作坊，后来，我发现自己在工作中能够不断地用到这七项能力。

为什么在你的"上线部署"流程中会用到这七项能力？

时不时地会有客户要求我指导他们"上线部署"。

"上线部署"指的是你作为数字项目经理（DPM）和你的团队（用户体验团队、设计师、后端和前端开发者、系统管理员和测试者）准备好部署全新的或更新后的网站，或与第三方合作将电子商务融合方案发布到线上供用户使用。这次我的团队和我部署的是一个会员平台和管理界面，这个界面与客户关系管理平台是互相联通的。

为什么我需要这七项能力？

首先，我的团队和我从头到尾检查了这个部署程序，制定了一个包含具体步骤的方案（包括撤回方案），每个人在部署过程中对自己的职责清清楚楚，若有必要还有一个备用机动小组。这样做有多种原因，但最主要的原因是，在一个上线部署过程中，任何始料未及的状况都有可能发生。然而，若你有个明确框架和大家都熟稔于心的参考点，便能在情况不明甚至有可能出现混乱的状况下，大家能够毫不慌张，各司其职，并且我可以利用适应力和积极性来应对当前情况，并为处在极端压力之下还能批判思考挣得喘息之机。

在面对压力时能够保持乐观是未来可以取得成功的关键能力。乐观者能够从不同视角分析情况，准确地理解情况，如果出现问题，则面对问题、寻找方案并做出行动。

在这次部署过程中，我与我的客户在现场合作，与我自己的团队远程写作，所需的关键能力是同理心。作为数字项目经理，我必须和自己的团队以及客户建立并发展融洽和谐的关系，还必须在一开始就与团队达成一致并贯之始终。重视你和团队的关系（既包括与个人，也包括与团队整体的关系），表现尊重，创造一种互相尊重、以诚相待的氛围。正直对于赢得他人对你的信任有着重大作用，你需要通过践行从一开始向团队做出的承诺来把正直融入自己的项目进程中。要做到情感真诚、开放，不要把信息藏着掖着，大方地接纳别人的贡献，积极地倾听他人，认可并努力理解他人的观点和关切。将这种态度贯穿始终，可以助益自己树立信任和建立牢固的关系——在上线部署过程中，这一点至关重要。

在大多数上线部署过程中，我发现必须表现出高度的韧性。这需要时间积累，首先要做好各方面的自我关照，包括睡眠、饮食和运动。我的个人经验是，像冥想和画画这样的创作活动非常有好处。简单来说，任何对于头脑、身体和灵魂有益的自我关照活动均可，你既要为团队的成功创造环境，也要为自己的成功打下基础。

运用和锤炼这七项能力使你能够将一种情况置于其具体背景中考量，保持对当下任务的专注度，全身心地投入此时此刻中。作为数字项目经理，最大的收获之一是让自己的团队和客户确信有人在支持他们，无须任何担心。

　　无论在工作中还是在生活中，这七项能力毫无疑问能够派上用场。我们在工作坊不断发现这些能力能让人在方方面面受益。由于其专注点是提升感知力，当工作坊结束时，参与者仍确信，他们已经拥有可以长期利用的工具和方法。由于我们工作坊的性质是体验性的，会为参与者带来长久的影响，让人们在参与之后很长时间都能受益于工作坊所带来的效果。

　　读者也许会参加我们的工作坊，也许不会参加，但此刻选择了读这本书，我仍要报以感谢。

　　无论你的背景、职业和性格如何，我相信这本书都可以帮助你提升自我认知。如果你真的利用了每章所提供的建议和练习，我承诺你会收到显著的积极效果——我已亲眼见证世界不同地区几百人的改变了。

第 **1** 章

适应力

能生存下来的既不是最强的物种，也不是最聪明的，而是最能适应变化的。

——查尔斯·达尔文

软　　技　　能

适应力是一种受人欢迎的能力，因此我们都称自己灵活变通，善于团队协作，能够顺势而行，也就是说，我们不会固执僵化，我们乐于接受改变和挑战。如果你问人们是否自认为开放变通，我想大多数人的回答是肯定的。一个真正适应力强的人更能够泰然自若地应对改变，不会被未预料的境况所吓倒，能在改变中游刃有余。但实际上，我们大多数人对于改变的态度远比自己认定的要更具抗拒性。

什么是适应力？

适应力可以定义为适应变化或始料未及的环境而做出改变（或被动改变）的能力。我们每个人都有基本的适应能力，如果不具备这种能力，便无法在世界上生存下去。我们一生中都需要，也必须依靠适应力来面对新学校、新环境、工作、人际关系以及学习和成长。虽然拒绝改变是我们的天性，因为我们不想与过去作别，但我们适应的潜能仍然比自己设想的要更大，因为适应力是一项基本生存能力，能够聪明敏捷地适应环境，是人类这一物种得以繁荣的原因，也是驱使我们在走出洞穴之后持续进化的动力。

适应力不仅仅包含灵活性，其主要内涵是保持开放的态度，能够走出舒适区，不被自己此前的论断（比如"我不行""那对我来说太难了"）所拘束。虽然有时这些论断只是说给我们自己而非公之于众，但对于我们的思维仍有很大影响。

同样，我们也决不可妄言自己无所不能。新的事物会不断出现，不管是新科技、新方法还是新计划，使得我们今天所会的东西成为明日黄花。要保持适应力，必须持续开发自己的能力，挖掘自己的潜能，这对我们现今和未来的能力来说至关重要，但可惜的是，我们会经常有意无意地抵触这样做。

改变固然是困难的，因为我们都想安身于自己的舒适区里，自然会抵制一切让我们走出舒适区的事物，因此，对于那些不愿意改变的人（甚至对愿意改变的人也适用），有意识的行动是有必要的。简单地说，我们舒适区的大小取决于我们自己的意愿，我们可以通过参加更多舒适区之外的活动，参与更多的任务，体验更多的想法和经历，来扩展自己的舒适区，舒适区越大，我们的适应力就越强。"舒适区"代表一切简单且无须冒险的活动，但也代表平淡无奇的活动。"舒适区"之外则是你的"扩展区"，代表学习和成长，身处其中可能有些不舒服，因为你可能需要以全新而不同的方式来拓展自我，但你还是可以应对，过程虽不容易，但也不至于难如登天。然而，如果你继续向外走，便会走到"惶恐区"。乍听这个名字，就知道此区域不宜久留。身处这个区域，我们也很难有什么学习和成长，因为此时我们离舒适区太远了，会时时将自己置于"或战或退"的状态中。

> 你的舒适区反映了你的适应力，不断拓展自己的舒适区，适应力会大幅提升。

"扩展区"是我们的最佳区域，提升适应力的最佳方式之一便是保证自己常常待在扩展区之内。

适应力让我们不断朝个人的最大潜能进步，将潜能转化为现实，还让我们在职业生涯和人生历程中不因达到某个水平或里程碑便止步不前。考虑到现在我们的预期寿命和职业生涯均会延长，更需要我们不断地改变自己。终生学习是我们都应该培养的一项关键能力，适应力便是保持终生学习的关键。如今，你可能在职业生涯和人生中多次重塑自己，甚至会乐此不疲。

你我所得到的锻炼适应力的机会越多越好。面对新机会，我们的第一反应固然是拒之千里之外，但通过不断锻炼，不就能学会拥抱改变吗？在今天的时空背景下，适应力有多重含义：

◇ 面对困难时保持镇定

◇ 拥抱未知

◇ 知难而进

◇ 果敢地承担新的重担

◇ 接受挑战

◇ 即兴发挥

◇ 克服挫折，表现积极的态度

◇ 保持开放的态度

◇ 综观全局

◇ 善于应对未知情况

以上都是适应力的表现，但适应力还有其他内容。提升适应力的最佳方式是训练自己，让自己以更开放的态度面对改变和未知。利用自我反思和自知力，实事求是地对照以上内容，你可以发现其中一些比另一些更为困难。

当我们主动将自己置于舒适区之外时，必定会收获成长，我们的舒适区也必定会得以扩展。拥有高度的适应力，不但会给我们的绩效带来可见的提升，还能增加我们的幸福感，因为通过不断地挖掘潜能，我们能够发现自己真正的能力。相较之下，若让迈进扩展区的机会从指尖划过，我们的舒适区便会缩小，若因为取得了某种成就便认为自己无须继续成长提升，舒适区同样也会缩小。随着舒适区的扩大，你便需要付出更多努力来让自己进入扩展区。此时，曾经令人望而却步的事物已经唾手可得。就在几年前，我得到了一次远赴孟加拉国工作的机会，这个机会将我带进了扩展区，实在不可多得。然而，在我职业生涯早期，能有这种态度是难以想象的。今年，我正在积极地学习一些新手艺，包括制作巧克力棒、为本书录制播客和制作马赛克镶嵌艺术。对我来说，这些均属于在我的扩展区内的全新挑战。明年会有什么机遇我还无从知晓，我现在知道的是，自己会不断地寻找大大小小的机会来拓宽自己的舒适区。我希望在读完本章或参加完我们的工作坊之后，你也会这样做！

适应力的必要性

今天的世界尤其需要我们敏捷灵活地利用各类资源和创造力来应对挑战，把握机遇，为什么？因为今天一切的变化速度和生活节奏都史无前例地快，而未来更是如此！通过近年世界的变化，我们可以认识到，改变就在眼前，改变会是常态，你我也不免在改变中遭遇挫折和困难。能够触底反弹、重整旗鼓、与时俱进是一项关键能力。然而，如果遇到不期而至的外部变化，无论这些变化源于国际气候、经济动荡，还是人生起伏，或许只是从未经历的不期而遇，我们都会感到压力，压力可能让我们畏缩不前，甚至做出不利于实现目标的举动。

思考练习

? 用四个词语来描述你感觉最舒服的时刻，比如你在日常生活中和工作时最舒服的状态，你会用哪四个词？

_____

_____

? 你能想起自己完全待在舒适区中的情况吗？

_____

_____

? 是什么原因将自己拘束于舒适区之中呢？

_____

_____

? 如果当时你从舒适区走了出来，可能会有什么收获？

_____

_____

　　"管理概念"培训公司高级管理顾问肯·布克称，人们在经历改变期间，体会到的日常压力会增大，但此时他们更加需要高效运作，从而导致压力激素在体内长时间不会消释。人们如果需要保持机能正常，有效应对改变的话，必须大幅降低自己的激素水平。[1]由此可见，有时候我们之所以适应起来如此困难，可能只是因为机体的反应而已。当然，如果你在自己的扩展区运作的话，有时你会觉得肾上腺素和兴奋感在体内骤然上升。而当你的身体出现"或战或退"的反应时，心跳会加速，呼吸会变浅，手心会出汗，自己会感觉惊惶失措，这种身体反应肯定对自己没有任何好处。

> 最为成功的人，能够接受并适应变化。这种适应能力需要一些灵活性和谦虚态度，而很多人并不具备这两点。
>
> ——保罗·卢图斯

思考一下

当具有高度适应力的人看到机遇时，其他人却只能看到失败

适应意味着成长、改变，还意味着放弃和拒绝自己对有关对和错的固执判断，接受关于对和错的全新看法，并认识到这个过程会持续进行、不断变化，不会迟滞不前。如果你没有成长，就不会有进步。无论是个人还是企业，都常常被那些曾助力他们取得成功的法宝所羁绊。这是因为他们没有及时反思，这些法宝是否可以让他们在未来的竞争中立于不败之地。很多公司可能会选择因循守旧，若非如此，百视达和博德斯等公司就不会因为对新的变化无动于衷而破产了。

之所以你要时刻保持适应性，有以下几点原因：

科技的进步迫使我们要保持学习和重塑自我，否则就会被改变的浪潮甩到后面。面对社交媒体的普及、不断升级的设备以及全新科技，无动于衷、坐以待毙并非难事，有时候，这只是由我们的畏惧心理造成的。而适应力则会让我们对于所有进入生活的改变都持开放态度，甚至拥抱改变，学习如何应对改变。如果你不努力适应，学习的难度只会越

来越大。

远程团队协作和远程办公正在迅速普及。我们需要学习如何在这些情境中高效地沟通和工作，企业需要拥抱文化多元性，要有足够的文化知识，这要求我们大幅提升自己的适应力。令人惊讶的是，即便是大型跨国企业，很多企业也仍然没有为全球文化多元性和适应不同文化做足准备。

职场和家庭中的多世代共存意味着我们需要接受不同的态度、工作和生活方式。每个人不再是孤岛，越来越是群体的一部分，这虽然不一定是我们主动选择的，但也未必不是好事。我们各自的生活方式若是一成不变则会使我们变得狭隘封闭，只是关注自我，现在这种态度正面临挑战和改变，而挑战和改变可能会带来巨大的积极效应。

我们需要拥抱创新。能够拥抱创新、敢于争先的人将获得无数机会，机会总是留给有准备的人的，人们要做的第一个准备便是开阔思想，发现机会，然后不断学习并敢于尝试自己从未做过的事。

可能由于经济原因，许多人在面对生活和工作中的重大改变时无所适从，就可能会在工作中成为可有可无之人，无法顺利找到新工作。如果被迫得和自己的父母同住很长时间，或突然遭遇失业但仍想或需要工作来养活自己，这些情况都可能会让人措手不及。即便现实情况可能并非如此严重。

在人类近代历史中，可能没有什么时候比现在更能凸显适应力的重要性了。

是什么让一个人具备高度的适应力？以下四种能力尤为重要：

1. 灵活的思维：要求我们保持开放态度，灵活地接受全新信息，既能深入细节，又能纵观全局。一个人可能更关注全局，也可能更在意细节，而现在要在这两方面均有所加强，并能够迅速地在两者之间切换。这就是我要学习烘焙以及最近学做巧克力的原因——我本来是个更关注全局的人，学习烘焙则训练了我探究细节的能力。

2. 高度的接受能力：尤其是在面对改变时，需要我们积极应对改变，乐于尝试全新的做事方法和观察角度，愿意改变我们自然的抵制倾向。读者可以独立训练自己的接受度，只要学习接受、悦纳改变即可。

3. 创造力： 积极探寻新生事物，不惧怕反复试验或临时上阵，这就要求你相信直觉，相信自己。毕竟，我们常常低估自己的创造力。

4. 沟通技巧： 我们可以根据不同场合和情况来调整自己的沟通方式，首先要高度提升自己的沟通风格和对于喜好的认知，能够依照不同的情况来调整自己的交流方式，不惧怕调整自己的习惯。

以上四项能力均可习得，因为决定我们适应力的不仅是天赋，还有后天的训练，不要忘了，上百万年来，适应力一直是人类的属性，今天也还是我们的先天特质。一切阻碍适应力的习惯反而是习得的（详见本章"培养适应力所要面对的挑战"一节），因此我们首先需要学会"遗忘"这些习惯，才能重新获得我们本性中的灵活性和天生的开放性。

适应力对于培养健康快乐的生活方式的重要性也非同小可。每个人都会在生活和工作中面对阻碍和挫折，适应力强的人会关注自己的本能反应，并在必要时改变自己的反应，进而提升应对阻碍和挫折的能力。适应力和其他六项能力一样，其提升的关键在于自我认知。

思考一下

渐进地提升适应力很重要。你首先会被自己抵制改变的心理惊讶到，但下次参加课堂或集体活动时，可以尝试坐在不同的位子上；下次外出用餐时，尝试点不同的菜；哪怕你的本能反应是拒绝，也勇敢接受，不要拒绝！

职场中运用适应力的案例

假设现在你要接手一个新项目（承担这个项目能够让你扩展自己的能力），或是在准备时间不足的情况下做报告，甚至是筹备自己不愿意参加的会议。你的本能反应是拒绝、害怕或为之烦恼，但你不妨把这样的项目（或任何工作中不期而至的改变或未知性）看作提升适应力的机会。具体该怎么做呢？

本书中的其他能力（像主动性和乐观心态）对你也有所帮助，所以我们要提升这七项能力。适应性则要求你采纳一种"从善如流"的态度，勇敢地进入自己的扩展区，制定让自己在以下情境中大放异彩的策略：

1. 可以扩展能力的新项目。热情地接受，然后全身心地投入其中。学习一切可学的能力，悉心接受指导，掌握所需技能。在察觉到身体感到紧张时（这正是你的身体进入"打不过就跑"的模式），让自己放松下来，在面对新挑战时准备好尝试，列举所有自己可以提升和成长的方面。相信自己可以直面挑战，你一定可以的！

2. 在准备时间不足的情况下做报告。当然要接受任务！行动起来，查阅资料，搜索合适的配图，了解你的观众群体，思考他们所持的期待。做报告当然是有压力的任务，会让人坐立难安，但你做的次数越多，就越会得心应手，还会信心大增！首先要让自己的报告简单明了。如果你此前做过各种报告，那这次可以稍做调整，比如合适的话，可以增加一项活动或添加一个笑话，也可以让自己表现得比平时更生动些。

3. 筹备自己不想参加的会议。当仁不让地接受，思考与会人员的构成，把会议视作了解这些人和表现自己的良机，锻炼自己的倾听能力。会议是极佳的机遇，所以当你身处会议现场时，不要分心，不要看手机，聚精会神地倾听别人。如果我们都能提升自己的倾听能力的话，便能够明白自己该如何应对，并从中得到好点子，这样做能事半功倍。若你自己有什么好主意，就大胆地分享出来！

适应力在职场中的用途

困惑常伴我们左右，如今的职场充满了改变、未知和复杂性，这些源于不断革新的工作流程、步骤、各色各样的报告媒介、市场环境、科技、劳动流动性和经济动态，而在职场中取得成功的法则也在不断被改写。我在上文提到的三种情况都可能处在改变的旋涡之中，所以可能有此前未知的全新因素，比如那个会议的主题是探讨以全新的方式汇报结果，参会人员可能有与你有隔阂的人，甚至是散发负能量的人。你可能会将其视作避之不及的场合，选择逃避或找个理由搪塞过去，然而你也可以选择采取一个类似我在上文中所描述的不同视角，这需要你有意识地做出选择。

无法适应（其实更常见的是拒绝适应）的个人、企业会像恐龙一样，不声不响地就被懂得和乐意适应挑战、将适应视作生存必备法则的个人或企业淘汰。如今的环境对灵活变通、善于沟通的人才求之若渴。

思考一下

大型企业由于机构层级的庞杂性，最不善于适应和快速应对变化。但如果你是自由职业者呢？你的职业是综合自由型的吗？或者你是个体经营户？你可以更容易适应日新月异的变化，也需要适应这些变化。

如果你的适应力强，便会被视作一个高效、乐观、善于助人的解决问题者；如果你适应能力差，别人可能会认为你是个难堪大任、抵触心理强、惧怕行动、充满怨气的人，哪怕你事实上并非如此！我很清楚自己想给别人留下什么印象。

策略与创新专家马科斯·麦克恩在其著作《适应力：不确定时代的制胜之道》中强调，适应力是今天商界生存的入门条件，因为随着变革步伐的加快，企业要赶上潮流的难度越来越大。他还认为，适应力强的人充满探索欲，因为他们知道，稳定只是一种危险的假象。你知不知道，推特其实是陷入挣扎中的软件公司人员在操场上头脑风暴时想出来的，并且当时还只是个备选方案？利用创造力、吸取尝试失败后所获得的教训，都是创新、创意和成功的先决条件。实际上，要想提升适应力，必须敢于冒险，敢于犯错。没有错误的决定，只有不同的后果，一旦我们认识到这一点，便不会再那么害怕冒险和犯错了。

案例研究

百视达曾是非常成功的连锁影视租借商，然而在实现创收60亿美元的6年后便申请破产了，为什么？因为百视达未能适应变化。

百视达曾有9000家零售店租售各类电影（包括全新上线的影视作品），广受认可，并且它能为顾客提供贴心的服务，比如在租借电影时还可以购买爆米花等零食，不过大多数创收其实是来自顾客未能按期返还所租影视而导致的过期费。我对当时百视达的成功记忆犹新。

与此同时，奈飞也开始向顾客提供邮寄DVD的服务，后来还增加了在线流媒体服务。此时的百视达仍然凭借其屡试不爽的经营模式坐拥数十亿的收入，因此便不思进取了。当媒体播放科技发生变革时，苹果和亚马逊这样的企业也正进军此行业，等到百视达反应过来，当时把实体店业务替换为全新的运作模式能不能成功尚未明朗，并且需要冒很大的风险，做出巨大的改变。而当百视达真正决定要革新时，为时已晚，这家公司很快就成为历史了。

___

根据领英学习部门汇编的《2018年职场学习报告》所述[2]，"在自动化时代，适应力是王道"。灵活地面对不断变化的工作环境，自信地立身于未来职场，需要我们不惧变化、拥抱未知，坚定地相信自己可以应对一切。恐惧会使我们误认为自己无法应对全新的格局，由此便想维持现状，不管是百视达，还是个人，都不免于此。我们需要培养对未知的容忍，大可不必知道一切的答案，去探索如何找到答案，并且相信自己必定可以找到。

各家机构作为一个整体，需要鼓励和培养适应力这项关键技能，大型企业领导力培训师安·勒尔亲身经历过各种成功的职业转型，她认为："机构的领导者作为个人需要彰显适应力，并将其融入公司的文化根基之中，需要允许员工犯错，鼓励他们在方方面面表现创造力，有所贡献。"

锦囊妙计

问不同以往的问题

如果你所问的问题只是自己习惯问的问题的话，所得到的答案也必定没有新意，这样在需要新创意时就很难有所收获。因此，不妨尝试问自己不一样的问题。

> 我们习惯于通过问问题来寻求解决方案，但如果情况非常复杂而变化无常，所追求的解决方案在此未必适用。所以，可以鼓励自己问"目前这个情况下，最不同于往常的因素是什么"，"目前最令人难以置信的是什么"以及"由于自己的喜好，自己是不是对什么视而不见了"等问题。
>
> 问不同的问题会给自己带来不同的可能性，并让自己的思维更加变通和敏捷。

在今天的大环境下，我们周围都是才智过人、专业能力突出的同行，再依赖我们陈旧的知识和技术，因循守旧地用头衔来定义自己的工作，执迷于工作稳定性已经不再可取，应让自己保持进步，不断地重塑自我，时时成长为更好的自己。一个机构的所有部门都应该如此，每一个个人也应该如此。无论我们做什么职业，都应该不断寻找自己可以成长和提升的机会，机会可能来自我们自身，也可能来自我们所任职或领导的机构。

你我自身要承担更多责任，可能需要不断进取，独立开创职业路线，为自己创造机会。既然所谓的铁饭碗已经不复存在，我们就更需要适应环境，更好地定位自己在职场中的位置。如今的雇主非常看重适应力，常常将其与沟通能力、人际交往能力和敬业程度视作最重要的职场能力。无论做何种工作，任职于哪家公司，你都需要适应其工作文化，让自己融入其中；如果你是自由职业者，则需要不断应对市场需求的变化，尝试各种路径，学会面对拒绝和批评。

高度的适应力意味着灵活变通和多才多艺。研究证实，大多数人其实都会高估自己的灵活性和适应力，这是因为我们都渴望具备灵活、开放、适应力这些广受欢迎的品质。"情绪能力量表"是一项具备高度科学性的测试，雇主常用来评估员工[3]，从不同角度来考察他们的情商，从四个方面来衡量他们适应力，包括对新观念的包容性，对不同环境的适应性，对不期而至的需求的应对能力以及调整或改变策略的能力。雇主可以凭此来客观地衡量员工的适应力，避免被他们的主观自我评估所误导。

锦囊妙计

试着不轻易下定论，积极地倾听与自己的观点背道而驰的人的说法，有些人可能与你素昧平生，你甚至不知其姓名，也有些人可能曾经与你关系甚好，如今却与你分道扬镳。不断地问自己：我是不是哪儿做错了？是不是忽视什么了？

在职场中跨文化合作也需要我们具备适应能力。我们需要包容各种文化差异，我们的适应力越强，对差异接受起来便越容易。但我们需要留心自己的"头脑剧本"（接下来会具体探讨），克服自己所秉持的歧视、成见和对于其他文化的抵触。我们都认为自己很开放，但真实的内心深处未必如此。

你很可能会高估自己的适应力和灵活性。

培养适应力所要面对的挑战

虽然适应力是我们的本能，但我们还是会很自然地抵触改变，让自己把全新的体验和机会拒之门外。害怕被拒绝也是我们的天性，所以我们排斥尝试新事物，拒绝走出舒适区，以免遭到拒绝。切记，这种恐惧心理是深植于我们性格之中的，却未必合理。

我们的"头脑剧本"

为我们的适应力设置障碍的是我们大脑处理新信息时的旧习惯，即我们头脑中的"剧本"，头脑剧本也是驱使我们行动的思维模式。[4]一个典型的例子是驱使我们骑自行车动作的头脑剧本。通过练习，一种行为会成为根深蒂固的自主行动，让我们不假思索便可以做出来。我们在头脑中会形成很多类似的剧本，指导我们开车、使用母语，甚至是做自己最爱的一道菜，也会指导我们的其他经历和做事习惯，能够提升我们的做事效率。头脑剧本不仅会影响我们的行为，还会影响我们的视域和信条。如同头脑剧本会将如驾车和讲母语这样的行为设置"档案"，它也会为我们对事物习惯成自然的反应方式"归档"，这些反应方式可能是积极的，也可能是消极的。如果归档进我们头脑中的反应是消极的，那这个头脑剧本要很费力才能去除或改写，但只要我们多加留心，我相信我们一定能够丢掉现有的头脑剧本，让自己随时都可以通过写新的剧本来学习新的技能。

我们大脑高效地为习得行为设置档案的能力有其消极的一面，因为头脑剧本会导致我们的大脑忽视各种具体现实，排斥全新的信号和信息，仿佛已经知道该做什么了一样。头脑剧本让我们执拗地因循守旧，对于全新的境况视若无睹。伦敦大学心理学家亨利·普洛特金表示："我们的思维倾向是认为过去有效的方法今后也会屡试不爽。如果一种方法曾经有效，我们便会不断地使用这个方法，如果这个方法不再奏效，我们便会选择逃避现实。"

> 适应力是年轻和活力的表现，随着我们年龄的增长，我们会累积越来越多的头脑剧本，这会阻碍我们适应全新的变化。所以，你在提升自己适应力的同时，也在重新开发自己的活力、青春和能量。

如同我们的固定职业和所承受的压力一样，我们的头脑剧本会让自己变得固执起来，面对改变无动于衷。

头脑剧本还可能导致限制性的信条，即那些内心阻止我们承担责任、挑起重担的想法。许多限制性信条已经经年累月地存在了，自其形成之后便让我们在人生中不断瞻前顾后，害怕打破信条。这也许听起来是无稽之谈，但确实是我们难改的积习。如果我们不自信，便会对于走出舒适区持排斥态度；如果我们认为自己不快乐，便会屡次刻意寻找自己过得很糟的证据。限制性信条的关键特征是，其限制作用是我们自己所赋予的。之所以限制性信条对我们的控制力如此之大，是因为我们会主动地寻求经历和创造记忆，以此来确定和加强其正确性。

思考一下

如果限制性信条只是我们给自己的暗示，那为什么如此难以克服或忽视呢？有几个原因。首先，你的行为模式已经行之有年了，大脑已经非常擅长有效地指挥这类行为了。其次，当限制性信条浮现在你脑海中时，随之而来的是你在过去所做的决定和这个信条影响下的做法，所以，你的大脑可能召唤起数千次你曾因为怯懦而抵触的经历，同时你还有不计其数的待在舒适区的记忆，使你在对各类事件做出回应时都采用规规矩矩的态度。最后，哪怕你想消除自己的限制性信条，你也还未给头脑灌输替代性的行动方案。当一件事触发了你无意识中的"增加信心"按键时，你的大脑会回溯你的过往经历，如果没有任何发现，便会不知所措，此时大脑会继续挖掘你的记忆，最终又为你的限制性信条找到线索，进而又指挥了同样的反应。所以，改变的关键在于，当你移除了自己的限制性信条之后，需要以全新的信条取而代之，下次大脑被触发后，能够发起全新的行为模式。请一定记住，一旦你采取了不同的做法，大脑中便会存储一个新的决定，并创造新的记忆，渐渐地让新的做法对你发挥更大的操控力。

——克里斯·达德利

生命教练、"教练集体"培训公司创始人

当我们感受到与他人的竞争，或体会到不满或不适时，我们的适应力也会受到挑战，这通常是由我们的恐惧心理或头脑剧本所造成的。我们要认识到，头脑剧本和习得性行为与信条能够左右我们的选择，无论我们认为自己多变通，它们都能使我们表现得严重固执僵化。

若要打破自己的限制性信条，就要对其质疑，进行深入分析，认识其存在的缘由和动机。

寻求机遇

我们有很多可以测试自己适应力的机会，但遗憾的是，很多人并不会主动寻求这些机会，这也是阻碍我们适应的一个因素。如果我们在成长时期得不到很多旅行和尝试新体验的机会，在后来的人生中，我们对这些机会就更抵触了。我过去在远途出差时常常带上我5岁的儿子，至今也依然常鼓励我的女儿到处旅行，这是因为他们在诸多旅程中能够在方方面面增长见识，并且旅行也挑战了我通常认为的"常态"，我从未有所耳闻的事却在某些文化中能够习以成俗。我有幸到过自己无论是度假还是因其他目的都不太可能到的地方，若不是因为我小时候就不断地旅行和迁移，可能现在也不会去这些小众或是有危险的地方。我之所以适应力比较强，就是因为我读过不同的学校、住过不同的国家、接触过不同的文化、学习过新的语言、交过各类朋友，并从中学会了适应。这些经历给了我一颗无畏的心，让我如今感到万分幸运。作为成年人的我，现在还能继续旅行，也是十分幸运的。

生活在现代西方社会的人对孩子的保护可谓无微不至，到哪儿都得开车带着他们，不允许他们在街上玩耍，所有旅行都是到度假胜地，这些远不能接触一个国家真正的文化。在英国，大多数孩子甚至从来不能学会一门外语。我至今仍记得当我让12岁的女儿独自搭乘伦敦地铁时其他家长的惊惧反应，而当我女儿再长大些时，便成了其他孩子所依赖的能够独立找路的人，因为她的朋友从未独立搭乘过公共交通。

建议

行万里路

如果你能够负担得起，就不妨带上家人一起去冒险吧！即便你不能出国旅行，也可以考虑去国内或本地自己平时不会去的地方，也可以尝试露营、在户外做饭或过夜。旅行真的能拓宽我们的视野。

锦囊妙计

如果你是个家长，尝试给自己的孩子更多自由，让他们更独立，效果可能令人惊喜！

我们对孩子的过度保护是不是削弱了他们的适应力，无法让他们为未来的世界和人生做好准备？会不会打消他们寻求扩展自己舒适区的积极性？答案可能是肯定的。

思考一下

哪怕仅仅是做自己日常行为习惯之外的事，也会有巨大的好处，这能够提升你的适应力。所以，无论是出门旅行，还是上班时走不同的路线，我相信这些做法久而久之都能提升你的适应力。此时此刻，我们可以做什么来彰显自己的适应能力呢？我们会鼓励参与我们工作坊的人思考这个问题。读者可以参考下面的清单。

下面是一些可以拓展适应能力的简易方法，浏览这个清单，思考其中有没有自己在今天、明天或下周就可以着手做的：

◇主动接近一个平时不太了解（或不太交往）的人，赞美他/她！

◇无须理由地送给某人一个小礼物。

◇尝试一种自己从未试过的烹饪方法。

◇从一位同事那里征询建设性的反馈和评价。

◇联系自己的旧友。

◇品尝自己从没吃过的东西。

◇学习一项新技能，或加深对一项能力的了解。

◇在工作中肩负起新挑战。

◇重新恢复自己曾逃避的对话。

◇其他做法。

恐惧

恐惧可能是对适应最大的阻碍，害怕被拒绝，害怕失败，害怕周围的环境，害怕改变，各种害怕。恐惧心理带来压力，进而导致阻碍我们灵活变通的生理反应，这些生理反应仿佛能让身体的一些功能停止运行。这便是拓展我们舒适区的重要性所在——我们体验的越多，能够做的越多，便会变得更加开放、灵活。

如何提升适应力

> 多才多艺的人比能力局限的人看起来更聪慧，精神更饱满，适应能力更强。
>
> ——美国作家、记者罗伯特·谢伊

通过提升适应力，进而让自己更有韧性，我们便更能为人生危机做好准备。有韧性的人常常把危机视作调整人生方向的机遇。[5]有些人会因为突如其来的变化失魂落魄，具有高度韧性的人则能够扭转乾坤，开拓柳暗花明的新局面。那么我们如何才能培养自己的这项能力？教育和培训界的人如何帮助他人提升适应力？我们该如何把适应力融合到技能培训、领导力培训等软实力培训中去？

大脑的可塑性

神经科学研究证明，适应力在人群中并不是均匀分布的，但处在任何年龄段的人都可以训练自己的大脑。大脑具有可塑性和灵活性，神经环路可以通过致力于提升适应力的抚育、教育和训练方法得以开发，这些介入方法在我们成长的关键节点（比如青春期）尤为有效。所以，在对走出舒适区高度敏感的人生阶段，如果我们能够得到鼓励走出舒适区，会给以后的人生带来恒久的影响，对于适应力的提升也有长远效果。其实，我觉得我们的各种人生经历也能够提升我们的适应力。比如，我在16岁时便彻底离开了父母，在此之前还多次搬迁和换学校，在童年和青少年阶段，我的家庭生活常常会被在我控制之外的因素所扰乱。虽然每次改变并非我主动寻求的，并且每次都给我带来了压力，但在大脑发育时经历这些改变，会让我成为一个很会适应环境的人，这是一种我引以为傲的能力。西方很多年轻人都在相对传统的家庭中长大，因此，他们需要得到扩展舒适区的机会，可以通过冒险性的旅行、志愿工作、体验不同的运动项目、培养各种兴趣，还可以通过培训项目和课程来提升他们对自己的沟通方式、团队协作能力、报告能力和工作绩效的认知。

提升适应力的机会无处不在

我们能够寻找体验不同事物、接受不同观点的机会。通过微小的积极做法（比如去健身房），我们可以通过在未做足准备的情况下改变计划，心平气和地应对不期而至的需求以及学唱歌、外语或其他技能来锻炼自己的"适应肌肉"。唱歌和学习外语都是能带来巨大额外收获和提升其他技能的活动。唱歌可以提升我们对身体的感知力、呼吸控制能力、报告能力、听觉能力、团队协作能力、表演技巧和自我表达能力；学习外语可以改善记忆力，预防老年痴呆，提升大脑韧性，增强文化认知，了解职场中的文化差异和认识不同的沟通方式。[6]

> 每天，你都有机会提升自己的适应能力。

体验式学习

培训师和教育者需要为人们提供大量走出舒适区的机会，这可以通过体验式学习、充满创造力的角色扮演练习和解决问题来实现。[7]我认为适应力也应该作为一项独立的能力纳入我们的教育环节中，诸多训练也能够提升适应力，但未必会强调这一点。

即兴喜剧表演是一个极佳的工具，我们可以从其方法中获得启发。我的美国朋友约翰·威尔克森（也是我的助理）非常有才华，他会利用类似即兴剧场的练习来帮助人们摆脱自己的头脑剧本，进而跨越心理障碍。我之所以想跟读者分享他所教授的一些方法，是因为这些方法对于改善我们的行为有很大作用，我们也会在"培养优势"工作坊中利用这些方法，通过游戏和练习来提升对七项能力的认知。

即兴剧场是一种流行于美国的戏剧表演形式。演员在舞台上不会按照自己所记的剧本表演，而是现场创造情节，必须有惟妙惟肖的角色、妙趣横生的对白和浓郁逼真的场景。人生本来就是没有剧本的，所以我们学习利用这些方法原则也是理所当然的。

要演得好的话，即兴表演的人必须能够做出大胆的决定，同时要快速地理解、领会和应对别人的决定，还必须快速而投入地扮演不同的角色，既能引导剧情，也能应和他人；既要创意无限，又要判断果决；既要善解人意地倾听他人，又要迅速做出正确的决定；既要对自己的优势和缺点熟稔于心，又要能迅速地忘记错误或化错误为转机。这些方法原则与我们在人生中积极作为、实现人生目标的方法原则大同小异，也正是我们所强调的适应能力。

以下是约翰·威尔克森眼中的表演即兴剧场的方法和原则[8]：

投入： 意味着全身心地做一件事。当一位即兴演员在舞台上无法投入时，整个剧情就会散架；当我们在人生中不够投入时，梦想便会破灭。无论是找工作，还是领导团队做项目，无论是在交际场合中结交知名人物，还是邀请伴侣参加约会，我们都要果断决定，一鼓作气，全情投入，努力表现出最好的自己。即兴演员也需要练习投入才能擅长投入，因而我们在工作坊中会采用即兴表演练习，使人们能够体会到投入的力量，并体验自己全情投入时的感觉。

倾听： 关闭我们头脑中的声音，聚精会神地关注我们周围的人和环境的能力。当我们很紧张地想自己该做什么和说什么时，倾听尤其困难。然而，当我们真正去倾听客户、团队成员或领导，而非不停地在头脑中想下一句该说什么，或担心衣袖上有咖啡渍时，便可以做出更恰当的回应。我们通常会无意识地将全新的创意或不同的观点拒之于千里之外，所以，专注当下、全身心地倾听别人是一项关键能力。

把握机遇： 机遇稍纵即逝，如果我们不能迅速地将其抓住，便会与其失之交臂，就只能捶胸顿足追悔莫及了。大家都体会过这种感觉，我也不例外，我知道那种错过机遇的感受。在即兴表演中，这种情况被称为"接受要价"，"要价"便是另外一个演员的台词或动作，这种情况下，一切都是机遇！如果受过训练，你就能够把握别人无法觉察的机会。

互相支持： 帮助他人是所有成功的即兴演员在舞台上的必备态度，也是从服务员到CEO（首席执行官）在内的各行各业成功人士的共有品质，这些成功人士知道，支持他人不仅是赞赏同事或为他们添砖加瓦，而且是得保持环顾四周，拾遗补阙，去完成那些尚待完成的任务。要做好这一点，你需要努力倾听，善于把握机会和全情投入。

自发性： 能够在不必过度思考的情况下做出行动，这需要能够即时判断和果敢行动，不怀疑自己的抉择。自发性还要求你相信自己能够从错误的选择中反弹，从失败中吸取教训，所以，自发性也是一个人其他能力的助推器。

玩乐心态： 什么是玩乐心态？就是敢于玩乐，怀着积极的心态投入自己的事业中，不抵触、不逃脱。我们在面对挑战时，不仅要有马到成功的决心，还要对胜利的喜悦和克服挑战的趣味性有所期待，敢于冲向挑战，不畏首畏尾。

通向适应力的七个步骤

这些步骤能够帮助你提升适应能力和自我认知，因为自我认知是一切的开端。记住，这就像锻炼肌肉一样，需要你付出行动。

1. 善始善终。适应，不是要你做事走马观花，适应力离不开韧性和毅力，适应力强的人做事有始有终，即便在遭遇困难时也保持前行，这需要你专注、自律，激励自己完成一项任务或项目。强大的执行力来自自我的方向感和自发的意志，这两项品质能够创造活力，让你的适应力更强，因为你能够更好地应对挫败和拒绝。

? 我善始善终的能力如何？

_____

_____

_____

? 通常是什么导致我想要放弃？

_____

_____

_____

? 我可以采取什么策略让自己在想要放弃时仍然继续前行？

_____

_____

_____

2. 学习态度。任何时候都不能停止学习，要主动学习新的方法、程序和做事方式。承担新任务，尝试新事物，从新的信息中汲取营养。你是不是一直想要学习外语？是不是一直想加入一个乐团？你可以轻而易举地说自己没有时间，但你的生命只有一次，没有机会彩排，不如怀着激情面对全新的挑战、不熟悉的领域和不期而至的变化！

? 我一直想学什么技能？

_____

_____

_____

? 有什么可以学习这些技能的机会？

_____

_____

_____

? 我该如何规划时间来学习？我对其可以投入多少精力？

_____

_____

_____

3. 即兴发挥。不要想太多，不要总是怀疑自己。练习即兴发挥，接受事到临头的邀请，调整自己的周末安排，自信地微笑着走进报告厅，告诉自己你能行（只要你敢于开始）。时不我待，失不再来！

? 当我充满疑虑，无法即兴发挥时，会发生什么？

_____

_____

_____

? 我什么时候能够用到自己即兴发挥的能力？我在生活中有什么即兴发挥、一改往日做事习惯的机会？

_____

_____

_____

4. 锻炼自己的"肌肉"。诚然，去健身房锻炼身体能够让自己无论在身体上还是心理上都更具韧性，我们知道韧性和适应力是相关联的，但在此我要谈的是三种灵活性：①认知灵活性，运用不同的思考角度和思维框架；②情绪灵活性，根据自己和他人的情绪来调整自己的应对策略；③态度灵活性，保持乐观又实事求是。[9]寻找练习这些灵活性的机会，在你的日常生活中，它们无处不在。

? 我下次什么时候有机会探索对问题或困难的不同思考角度？

_____

_____

_____

? 我下次什么时候可以试着改变面对与我相处不睦的人时的情绪反应？

_____

_____

_____

? 我有什么机会可以对一个让我苦恼的境况既保持乐观又不脱离现实？

_____

_____

_____

5. 采取"我能行"的态度面对改变。尽管拒绝改变是人的天性，但当你下次面临改变时，仍可以通过调整自己的做法来锻炼自己的适应力和积极应对的能力。可以从小事做起，比如，你可能会因为计划改变而失望，但可以努力让自己热情饱满地应对这个改变，虽然你内心未必乐意如此。如果特别想去看一场表演却买不到票怎么办？一笑了之，然后去做与之不同的事，拥抱全新的体验。丢掉工作了怎么办？灰心丧气，当然了，但你可以通过每天积极进取让自己从中迅速走出来。

在接下来的几个星期内，你可以锻炼自己应对改变的能力，在出现以下三种情况时改变自己的做法，并记录成效：

①

_____

②

_____

③

_____

6. 富有创造力地解决问题。 研究证实，那些善于想出问题解决方案的人应对问题的能力也更强。所以，每当你遇到新的挑战时，可以快速列出自己解决问题的方法。试验不同的解决策略，努力开发一套解决常见问题的行之有效的方法。通过不断锻炼这些能力，你才能够为应对重大挑战做好准备。

？ 我目前面临着什么挑战？

_____

_____

_____

? 我有哪些应对此挑战的方法？

_____

_____

_____

7. 培养"幸存者"心态。如果我们应对不当，毫无疑问，一切都可能会恶化为危机或难题。切莫在任何情况下视自己为受害者，坚持寻找解决困难的方法。如果你一直是个被动的人，这样做也许并不容易，但要记住，你永远不可能控制环境或客观事件，但你却可以控制自己的应对方法和行为。有意思的是，如果你专注改变自己的做法，而非改变环境，或许真的能够转危为安。

? 我身上目前发生的什么事能够恶化为一场危机？

_____

_____

_____

? 我可以采取的"幸存者"应对方案有哪些？

_____

_____

_____

具体案例

我们通过观察菲奥娜的一天来认识适应力。首先，我们简单介绍下菲奥娜其人，并快速回顾她的经历：

关于菲奥娜

退休前，她是个护士，丈夫已经过世，有一笔不多的退休金，但她对未来仍感到焦虑，担心自己无法担负养老的花费。她住在自己的一套公寓里，会兼职授课，以此来积攒自己的养老费用，但仍然需要更多钱。她过去很爱旅行，如今却无法担负度假或旅行的花费。她的家人如今旅居国外，包括她在澳大利亚的女儿。她过得很孤独，却不愿意承认或将其显露出来。幸好她有个不大的朋友圈，她会定期和朋友们到她锻炼身体的俱乐部里聚会，她在网上也很活跃，主要通过Skype视频软件与家人联系。

菲奥娜的心态还算积极，但她依然焦虑。她觉得自己无法改变自己的情况，不喜欢也不愿意去想自己的财务。她已经60多岁了，至今只做过护士，她觉得自己没法再学新东西了，她在书报上或电视上看到的内容更加加强了她的这一感觉。她越是这么觉得，就越会注意到支持这一看法的信息、文章和研究。对于无法旅行和不能看望自己的亲人，她感到很难过。大多数时候，她都在无聊中度过。曾经，她很喜欢唱歌，但没有坚持很久，也放弃了读乐谱。她的丈夫大约是5年前过世的，她时常怀念他，她自己似乎过得很消沉。

我们再仔细看一下菲奥娜的日常生活，思考她如何可以通过锻炼适应力来改变自己的生活。

菲奥娜的一天

菲奥娜通常起得很早，起床后会去俱乐部游泳，然后回家吃早餐，接着听一会儿广播，玩一会儿数独游戏，再做一会儿家务，中午和朋友共进午餐。这位朋友最近张罗着开设自己的花艺生意，菲奥娜也饶有兴致地夸赞朋友有才，却认为自己"不是做生意的料"，哪怕有一个生意点子，她也没有钱实践。她只是下午在家给一个护理专业的学生辅导，自己乐在其中，因为这让她能时常巩固自己的护理知识。辅导结束后，她会打理自己的花园，然后做晚饭，看一会儿电视。今天，菲奥娜还遇到了几个朋友，有一位最近参加了社区的合唱队，既不需要面试，也不需要视奏。这位朋友鼓励菲奥娜一同参加，但菲奥娜却十分胆怯，对重拾唱歌兴致索然，就拒绝了。接着她和另一个朋友聊了会儿天，抱怨天气之糟、夜幕降临之早和夏天消逝之快。

晚上，菲奥娜常常会上网浏览信息或与亲人在Skype上视频通话。今晚本要和一位老同事去看电影，但快要出发的时候却被放鸽子了。她很早就计划去看这场电影了，现在大失所望，今晚只好待在家里了。

菲奥娜到底怎么了？

菲奥娜仍在正常度日，却不快乐。她表面上看起来仍然很积极，但内心却感觉像在消磨时光。她没有充分发挥自己的潜能，虽然她适应了丈夫死后的生活，但仍然没有做出调整，充分地利用人生。她才刚过60岁不久，人生之路还长着，但她看起来像已经放弃了似的，不思进取。同时，她还有些羡慕她那些积极参加各类活动、保持忙碌并且不断重塑自己的朋友。菲奥娜感到有些孤独，因为她的亲人都住在国外，她却没钱去看他们。她既担心钱，又担心未来的人生，却由于自己的"职业生涯"已经结束了，对一切感到束手无策。如果她能够运用适应力，她的人生可以快乐很多。她可以多赚点外快，为出国攒钱。她时常觉得无聊，虽然她头脑活跃，却不愿意充分利用，这让她的人生过得像一个耄耋之年的老人。她喜欢提前计划一切，却忘了自己即兴发挥的能力。如果她能考虑到将适应力应用于实践中，一切将会大不相同。

半年之后，我们再看菲奥娜的生活。

菲奥娜的人生转变

菲奥娜的亲人慷慨解囊，赞助她去澳大利亚看望自己的女儿。这趟行程对她来说是一个惊喜，虽然她更想一切在计划之中，但想去看望自己亲人的期盼让她对此并不过于介意。住在澳大利亚让她暂时脱离了原来的生活，也让她能够思考自己可以做出的改变。离家在外给她带来了新鲜感，也让她重新振作起来。她决定重新回顾自己的人生，为自己制订一份计划。她的兼职辅导工作给她带来收获，于是她决定扩展这项工作，便到当地一家护理学校提供服务。她做了一次试讲，很快便有一群护理专业的学生来找她做定期辅导，这样不但对学生来说更优惠，菲奥娜也有了更多的定期收入。

菲奥娜现在每天过得更积极了。早上，她会为自己的学生准备复习材料，她还会将材料汇编在一起，放到她想建立的网站上，如今这项工作还在筹备中，但她期待这能成为她的另一个收入来源。她还会与各个朋友见面，但更常与那些经营各种事业的朋友聚会，因为这些人能够为她提供大量的对她的事业有益的支持。她还获取了一些有益的理财建议，这样对自己的财务状况有了更好的把控。另外，她开始定期攒钱，这样周末可以和朋友一起短途旅行。她现在并不介意在未做准备的情况下和朋友聚会，毕竟她既没有固定的日程，也没有亲人在身边。

菲奥娜比以前感觉更放松、更快乐了，也更加享受园艺、厨艺和网络生活。过去，她做这些只是像在走过场一样，但现在有了更多目的性。她尝试更多烹饪方法，种了更多的菜，对于她所做的事越是专注，她做得就越好，过后感觉就越放松。随着她的舒适区不断扩展，她越来越有精力，每天有了盼头，便不再那么孤独了。她甚至还考虑参加一门讲"如何经营小生意"的培训课程，并想更好地学习利用互联网。

她还想尝试参加合唱队。起初，她觉得有些紧张，但她可以一边唱歌一边思考最近做的这些事，渐渐地，唱歌就不再这么让人望而生畏了。

适应力是一项所有人都能从中受益的能力，不仅可以帮助我们面对人生的变革和波折，还能使得我们的日常生活更加快乐，更有趣味。通过每天锻炼自己的适应力，你可以为人生更大的改变做好充足准备。改变在所难免，但你完全可以应对自如！

第 **2** 章

批判思维

能计算的不一定重要，重要的不一定能计算。

——威廉·布鲁斯·卡梅伦

　　一些人是在读大学或者研究生期间才开始学习批判思维的，毕竟除了参加各种派对之外，学习批判思维应该是高校学生的主业。批判思维可以说是学术训练的核心内容，却不是一种可以明确定义的技能，这是一个过程、一种思考、理解和表达的方式，包括通过分析、评估、推理、观察、经验和反思来做出决定。批判思维和同理心、逻辑、公正、明智以及理性也有关联。

　　作为一项面向未来的能力，批判思维有助于解决复杂的问题，独立思考，提升思维效率和独立学习，还能够促进我们利用头脑生成创意，想出办法并获得成功。神经科学家在近年所做的研究发现，通过常年不断地坚持练习，我们大脑的工作方式能够得以改变。

什么是批判思维？

　　简单来说，批判思维是指对我们看到的、听到的事件或呈现在我们面前的情况做出评估或判断。对很多人来说，批判思维指的都是在很短时间内很快做出决定——尽管大部分时候这样就足够了，但批判思维的含义远不止于此，还包括打破成见，从不同视角分析问题，创造性地解决问题以及反省而谨慎地做出判断。苏格拉底可以说是批判思维的祖师爷，他发现我们经常会凭借情绪或冲动，而非利用逻辑与推理来证明答案的合理性。情绪和冲动是主观的，我们难免陷入其中。其实，我们所做的相当一部分思考很偏颇，与事实会有出入。

批判地思考是更明智地思考，也是我们应对新挑战，在日趋数字化的世界中克服困难的有力工具。

如今我们面对一切都要采取一种"蜻蜓点水"的态度，在繁忙的生活中，各种信息从四面八方纷至沓来，我们的大脑得想方设法处理这些信息，而我们做出判断和处理信息的速度会受到我们接收信息速度的影响。注意力是一种"抢手货"，也是采取有益批判性思维的重要前提。这在很大程度上受智能手机的影响，我认为我们集中注意力的时间变得越来越短。据神经科专家杰克·路易斯博士所言，我们的任何日常性、集中性和长期性的行为都会影响大脑。这个原理所指的作用虽然不一定总是负面的，但我们对智能手机的习惯性依赖、频繁地查看信息和通知很难说是正面的。当我们频繁使用手机查看信息时，其实是在训练大脑一天内要形成频繁地看手机的习惯，这样不仅给我们带来了心理压力（因为每次收到信息都会有提醒），还对我们的工作效率有非常大的影响，甚至还会限制大脑的创造力和解决问题的能力。

有足够的证据显示，如今的大学生在毕业时并没有学到足够多的批判性思考的技能，更有甚者，目前大学的教学方式也并不鼓励有深度的批判性思考[1]，即便有专门的"批判思维"课程，学生从中更有可能学到的是如何为不同的思维方式下定义，而非如何在工作、生活和实现人生目标的过程中独立且批判地思考，更不要说在大学里的大多数训练批判思维和信息分析的课程也并不连贯。批判思维作为现代世界中必不可少的能力，在教授时应该更兼容并包、连贯与高效。

建议

社交媒体使用练习

观察自己使用社交媒体的方式，有意识地点开一个视频和一篇头条新闻，然后探索其中深层次的信息。我们潜意识中常常只看事物的表象便信以为真，但可以刻意提醒自己不要这样做。那么，你到底是如何使用社交媒体的呢？你会运用你的批判性思维能力吗？我们通常都不会批判地思考，随着越多地使用社交媒体，这种情况就越来越糟糕。

随着假新闻、广告和误导信息的泛滥，缺乏批判思维而造成的危害就会越来越严重。

教育系统应该更加强调批判思维的重要性。我们的时代是一个能够自由且随意获取信息和知识的时代，而我们所缺少的能力是真正地理解、评估和分析信息的技能。

如今，日新月异的世界在不断地挑战我们批判性思考和通过发挥创意解决问题的能力，这种挑战是深层次的，信息的大爆炸并未导致思考能力的爆炸。由于我们掌握了前所未有的科技，大量信息唾手可得，若要在今后的世界中获得成功，批判思考的能力至关重要。管理大量信息变得越来越具有挑战性，我们难免会信息超负荷，能够集中注意力的时间越来越短，无法有效地处理这些信息。

思考一下

　　每天我们都要面对几十亿字节的在线信息，这些信息可能来自各类社交平台、几百万小时的视频内容、大量即时消息以及不计其数的其他内容。IBM公司所做的一项统计显示，网络上90%的信息和数据都是在2016年以后才生成的[3]，而信息爆炸只会越来越剧烈，这更迫切地需要我们提升自己的批判思维能力。

批判思维的必要性

　　美国管理协会在2012年所做的一项调查显示，各家高管都认为，在今日全球节奏飞快、竞争激烈的环境中，他们需要的是能力出众、反应敏捷的员工。员工无论处在部门的哪一层级中，都需要批判性地思考和高效地解决问题以及创新、合作与沟通。

职场的四大能力：

　　1.批判思维与解决问题——做出决策、解决问题和采取行动的能力。
　　2.沟通交流——通过口头表达与写作来总结和传达信息的能力。
　　3.团队协作——高效地与他人共事的能力，即使各自观点相悖、背景不同。

4. 创造力与创新力——能够发现疏漏、做出修补的能力。

其中最重要的是批判思维，而人们普遍认为以上所有能力在今后的世界中必不可少。

一系列关键职场能力，包括解决问题、做出决策、团队策划与风险管控，都是以批判思维为"原材料"的，职场中需要这些能力才能避免错误与误判。如果缺乏批判思维，过度依赖个人成见与假设，便会导致无法准确地评估市场与需求。通常来说，处在部门高层的职员常被认为才思敏捷，但只是因为这些人的批判性思维能力通常得不到检验。实际上，由于高层人员需要做更复杂的决策和判断，批判思维的重要性更加突出。

在个人日常生活中，批判思维能够巩固一个人的人际关系，助你在处理问题和应对困难时更加灵活，更加足智多谋，更具反思能力：

◇ 批判思维意味着通过提出问题、挖掘有关信息、开放地思考、顺畅地沟通来寻找有效的解决方案。

◇ 提升批判思维能力能够提升你所做决定与判断的可靠性，因为此时人们所掌握的信息更加完备，所持的偏见更少，更为客观。

人类的思维本是非常主观的，但可以通过提升批判思维使自己更为客观，尤其是当需要根据事实做出判断时。在忙忙碌碌、心猿意马、时时在线的状态下，我们很容易就陷入将观点看法和主观判断视作客观事实的陷阱。

我们常常在信息不足的情况下仅凭主观臆断和假设来做决定，对此我们要加倍小心。

锦囊妙计

人类的思维非常发达，但高速的生活节奏和自动化带来的变革却会压抑我们的批判思维，导致大脑在理解周围所发生的状况时会"抄近路"。

一个具备批判思维的人能够认识到自己的认知偏见与个人喜好，并且明白自己在做决定和寻找解决方案时是如何受到它们干扰的。

思维偏见在所难免，而认识到自己的偏见是批判思维的前提。

反思的重要性

批判思维可以让我们避免在应对问题时受情绪所控，转而采用具有以下益处的策略：

◇ 使我们收获经验。

◇ 避免重蹈覆辙。

◇ 获得合理、有效的解决方案。

◇ 助我们今后做出更好的决定。

我们对人生的体验与我们的思维方式有不可分割的关系，花几分钟来思考这句话，发人深省，你同意吗？

思考是一种能力。有人说，我们无须学习，甚至不用练习，天生就思路清晰，逻辑严密，这是无稽之谈。从来没有受过思维训练的人，很难指望地具备清晰的思路和严密的逻辑，正如同从来没有学习或练习过木工、高尔夫、桥牌和钢琴的人无法成为这些方面的高手一样。

——《人人可学的逻辑课》作者阿尔弗雷德·厄内斯特·曼德

教育心理学家、批判思维研究专家琳达·埃尔德将批判思维定义为"自我引导与鞭策下的、以客观公正的态度最大限度地利用推理能力",她认为,"具备批判思维能力的人善于推理,充满理性,富有同情心"[4]。

可见,批判思维与培养自我认知也有紧密联系,进而对于提升其他六项能力也不可或缺。

批判思维对提升创造力的积极作用已经被研究证实。努斯鲍姆和西尔维亚在2012年所做的一项研究发现,擅长流体推理(与批判思维紧密相关)的人,在生成创意方面的表现要好过其他人。[5]创造力为什么如此重要?因为创造力是创意的源泉,能够帮助我们在面对未知时也能有所作为,为机构和个人带来竞争优势,因为原创性与将其表达出来并转化为成果的能力是我们立于不败之地的有力法宝。

> 批判思维与创造力是一对"天作之合"的能力。

大多数认知能力测试包含批判思维,越来越多的公司在采用这些能力测试,所以下次参加招聘面试时,你所面试的机构可能也会让你做这类测试。如今这些测试正被视作最能反映工作能力、领导力和创造力的指标。这些测试之所以如此有效,是因为通过它们不仅可以反映你现在的能力,还能预测你在未来提升与发展的前途(昆塞尔和海兹莱特,2010)。

职场中运用批判思维的案例

　　财富200强公司顾问艾伦·库玛塔说："我们常习惯性地认为一家公司的高级领导应该具备解决一切问题的能力，但现在的情况并非如此。你的工作内容越基础，就越需要你具备分析能力和创造力，要不断反思自己的先入之见，不要被表面现象所迷惑，摒弃成见。"所以，就职于任何机构的任何层级员工，都需要努力提升自己的批判思维能力。

　　世界越来越复杂，对于批判思维的需求也日益迫切。批判思维中心的理查德·保罗表示："想一下，如果批判思维能够得以在全世界普及，那么我们的新世界将会与现在大不相同，而创造这个新世界不仅是我们的利益所在，也攸关我们的生存。"

建议

以下做法能够体现我们的批判思维能力与解决问题的心态：
◇ 依赖理性，而非情绪。
◇ 考量不同的观点和视角。
◇ 对不同于自己的理解持开放心态。
◇ 接受新的证据、解释和结论。
◇ 乐意重新评估信息。
◇ 能摆脱个人倾向与偏见。
◇ 周全考虑所有的可能性。
◇ 不武断地下结论。

思考以上做法，想一下自己会利用其作为自己的思考策略和方式的频度。再回忆最近面临的挣扎、挑战和争执，思考自己如何利用以上做法来调整自己的心态。

以上还表明，若要做到批判性的、有效的思考，我们需要适当地管理自己的情绪，虽然这在紧要关头或争论正酣之际并非易事。

批判思维在职场中的用途

很多人会因为职场中巨大的工作量、信息负载和压力感而无所适从，你也可能是其中之一，甚至这还可能是你的常态。高度的批判思维能力和解决问题能力能够让你更加从容地应对这些问题，在工作与生活中做出更加明智的选择，这些能力与技能包括理性思维、自我认知、实事求是、开放性、自律、判断力、正向思维能力、敢于怀疑的态度以及快速深入地思考、质疑和分析能力。

我们今后会更加需要突破成见的能力，依之来具体分析各种情况及其背后的成因，也需要能够容纳不同的看法，提升对文化差异的认识。这些能力来自推理，但优秀的批判思考者还要具备创造力，以此转危为安，这就要求他们把注意力集中在寻求解决方案上，而非一味地纠结于问题——此能力远非"解决问题"这个概念可以囊括。

那些能够独立思考、解决问题，准确判断和做出决策的职员广受雇主欢迎。在职场中，一些决定经常是在没有反思余地、无法获取所有关键信息的情况下做出的，所以需要果断。今天的社会，本就需要大家不假思索就能做出决定，所以职场上有这种要求并不意外，毕竟，我们天天都在快速地做各种决定。如果你能快速地凭借自己广泛而深刻的经验做出决定，这样很好，但如果你所做决定的结果利害攸关，快速做决定可能就不是最好的决定了。特别能体现批判思维重要性的一个领域是项目管理，如果不花工夫关注细节，计算成本，弄清楚资源所在，进行时间管理和团队角色分配并分清主次，任何行业的项目都可能会失败。

我们最看重的品质是普遍认知能力，这个能力不代表智商，代表的是学习能力，是能够在行动中做出正确决定的能力。

——谷歌人力管理部高级副总裁拉兹洛·博克

哈佛商学院的大卫·加温发现，我们需要强化自己的批判思维能力，不管这意味着要质疑我们先入为主的看法，还是培养从多种视角看问题的意愿和能力，这在社会上已经形成了普遍共识。[6]

批判思维能力在今天尤为重要：各家企业都面临着来自全球的激烈竞争（对手包括小型企业）、增长中的市场、科技的更新迭代以及政治和经济版图的移动。各层级员工、企业家、领导人、管理者都需要快速思考、果断行动，这一切经常需要在复杂而充满变数且没有可参照的有效政策和程序的情况下开展，就更凸显了批判思维的重要性，并且意味着目前已有的批判思维能力也都在经历挑战。

> ### 思考一下
>
> 专注度是今天社会中首屈一指的关键能力，能让我们分心的事物有无关信息、外部纷扰、他人打断、电子邮件、社交媒体、推送消息和发呆走神，这些每天都会发生无数次。通过训练使大脑专注、管理自己使用社交媒体与互联网的时间，都能够增强你的批判思维能力。

由于神经的可塑性，人类的大脑必然具备培养批判思维的能力，这是一项认知能力，各种令人兴奋的业界动态可以指导我们提升批判思维的能力，其中三种方法最值得关注：

1. 抑制性控制：抵制强烈的分心倾向，转而专注于做合适的、有助于实现目标的事情的能力。这项能力非常重要，因为它使我们即使在想要将重要的事搁置在旁时，还能抵制诱惑，选择坚持做有利任务。有广泛认可的研究证实，我们可以控制和管理自己的行为，所以没有任何借口！（戴蒙德等，2007）。抑制性控制还能协助我们管理智能手机的使用习惯，训练大脑来重新评估信息，最关键的是能促进我们经常反思，而非被动地应对一切。

2. 工作记忆：工作记忆是你头脑中的"记事本"功能，上面记录着可以在日常生活中利用的重要信息，使你能够专心自己所处理的任务，不因外界分心，并保持高度的感知力（盖瑟科尔和帕基亚姆-艾洛韦，2008）。

换句话说，我们大脑里有一个重要的功能区，它有利于促进我们集中注意力，排除干扰，有效地进行多任务工作，学习并理解所阅读的内容，提升与智力有关的各方面表现。工作记忆曾被认为是固化的能力，不但不能通过训练提升，反而会随着年龄增长而减弱，但最新研究已经推翻了这种看法，这当然是好事。

3. 认知灵活度：认知灵活度是我们能够依据各种情境转换自己应对行为的能力。作为衡量一个人从不同方面审视事物，并且依此调换自己"注意力工具"的能力，认知灵活度如今不但可以用神经心理学测试加以量化，还能通过训练得以提升。

> 我们在学习新知识时，最困难的不是接受新知识，而是抛弃旧知识。
>
> ——托德·罗斯

思考练习

❓ 当你在阅读这个题目时，周围在发生什么？你正坐在什么地方？周围有什么干扰？你的手机就在身旁吗？你周围还有其他电子设备吗？周围有什么信息正在向你涌来？你上次打开手机看信息是多久之前？你听到什么声音？你的头脑里正在想什么？

_____

_____

_____

? 留意这些内容是有效克服干扰的第一步。

_____

_____

_____

? 列出能够助你最大限度排除干扰的做法：

_____

_____

_____

> 批判思维不只是一套技能，也是一种心态、一种生活方式、一种更专注的思考方式。

作为一位批判思考者不仅需要掌握一套技能，还需要具备一种心态、一种态度、一种可以习得并且日常应用的思维方式。成为一个更好的批判思考者就像成为一个更好的运动员一样：我们天生就有运动能力，但要开发自己竞技运动的能力，就要学习技巧、加强练习。运动能力强的人通常擅长几项运动，但只精于一到两项；批判思考者能够有效地处理问题，但也是精于具体方面。要提升自己的运动能力，这也关乎你的生活方式，如果你想成为一个优秀的运动员，你在生活中就必须健康、积极；同样，批判思维也关乎我们的生活方式，批判思考者在处理生活中任何问题时，都努力做到准确地评估问题并做出最好的决定。

有关批判思维的案例研究

在我们的工作坊中，我们经常通过批判思维练习，让参与工作坊的团队来研究解决问题的方法，提升我们对自主行为的意识。我们培训的一家工作节奏很快的软件公司在短时间内业绩就增长迅猛。在培训中，我们刻意将解决问题的练习设计得比较容易：大家手牵手形成一个圆圈，在小组内传递一个呼啦圈，呼啦圈通过悬在相邻的两位小组成员的胳膊上的方式得以传递，而所有小组无一例外地不经过任何策划，不利用创造力或任何策略就匆忙地完成了练习。在其后的反思环节中，他们承认，这其实便是他们典型的工作方式，因为在他们看来，一切必须以结果为导向。虽然练习之前给了他们策划时间，并且要求利用创造力重复练习，但他们并未改变完成练习的方式。

这项练习让参与的团队很受启发，激发了他们将批判思维技能运用到解决问题的过程中的愿望。

有关批判思维的观念正在改变

批判思维在学术界历史悠久，其源头可追溯到哲学中运用深度思考来认识存在的传统，其基本内容包括收集证据、区分事实与观点、勇于质疑、通过逻辑推理来获得结论。这些具体技能众所周知，且可以从不同角度对其加以分析和讨论，也有众多学术成果（包括不计其数的研究论文）对其进行论证，大多数都是从学理或心理角度（有关认知焦点）来探讨批判思维的。近年来，神经科学通过揭示人类大脑的工作原理和相关模式，也对批判思维的相关认知有所贡献。

建议

援引事实和数据来取代猜测或主观臆断，质疑没有数据或事实做支撑的结论。做好功课，查证一切，如果不确定，就承认自己不确定，然后去查明真相。

凤凰城大学的非营利机构"未来学社"所做的"工作技能2020"研究，重点讨论了塑造人类未来的关键驱动力，与培生所做的"2030未来技能研究"不谋而合，二者在结论中均重点强调了未来所需要的重要能力，包括提出创意、解决问题、做出决策、创新、积极学习、灵活应变、出谋划策，这些能力均需要以批判思维做支撑。

我们有必要重新认识我们需要批判思维能力的六个关键原因：

1. 我们对事物的理解方式

解释我们所接触事物的深刻价值或意义的能力。这个能力要求我们对事物深思熟虑，但在节奏飞快的现代世界中并不容易做到。比如，如今人人都可以在互联上发表内容，而其中的大多数信息是有误的、偏颇的、不准确的，因此我们需要更敏锐的批判思维来鉴定来自四面八方的信息。还要记住，仅仅通过谷歌搜索到结果并不等于能够深入准确地理解事物，此时反思的能力也至关重要，因为只有这项能力才能为我们的大脑处理信息、摒除成见创造空间。

思考一下

当你通过谷歌等搜索引擎搜索内容时，会质疑搜索出的结果吗？有些结果出现在搜索后的首页，你便会自然地对其信以为真，但这些结果并不一定是有价值的或是经过深思熟虑编写出来的，甚至不一定是准确的。

人类的工作方式正在发生变革：随着制造业和服务业的工作岗位逐渐被自动化，对于机器不擅长的能力的需求也会随之增长，至少现在来看是这样的。这些能力包括高层次的思考能力（利用数据、语言和空间信息批判性的推理能力），这些技能还无法被编成代码。因此，我们要为未来做全新的准备，想一下过去10年间所发生的巨大技术革新吧。这些革新在短时间内不但不会停下来，反而会越来越快！

并非所有工作岗位都会被自动化，那些重点需要批判思维的行业，要求有解决复杂问题的能力、原创性、思维流畅性和积极学习能力，尤其不会被取代。

2. 全新适应性的思考方式越来越重要

批判思维如今也包括适应性思维，因为大多数工作岗位在今后都需要"情境适应力"，即应对独特而前所未有的时空环境的能力。除此之外，随着失业率的上升和工作模式的改变，人人都需要提升自己应对不可预期变化的能力。

3. 计算式思维

将大量数据转换为抽象概念以及理解以数据为基础的推理方式的能力。越来越多的工作岗位需要计算式思维来处理大量信息，这个趋势方兴未艾，人们在其日常工作中已经感受到由此带来的压力，而且这个压力正与日俱增。计算式思维很可能会帮助我们更有效地利用大脑，进而缓解我们的压力。有研究估计，我们只开发利用了大脑的1/10左右，所以当然能够继续开发其潜能。神经科学告诉我们，个人学习方式的不同是由大脑的不同来决定的，并且我们都可以提升自己的批判推理能力。

4. 对新媒体的认知

理性地评估新媒体的价值、制作新媒体内容、利用新媒体有效地传递信息和意旨的能力。如今我们正经历一个用户主导的媒体爆炸时代，视频、博客、播客占据了我们社交生活的大部分时间，这个趋势未来几年在职场也会日趋明显。不能拥抱新媒体、不懂得将新媒体为我所用的人，将会被时代的浪潮甩到后面。我们仍在学习如何利用新媒体，迫切地需要快速掌握这项技能。

5. 应对认知负载

包括根据信息的重要性将其区分和过滤的能力，以及通过利用各项工具和技术最大限度地开发认知功能的能力。我们的工作方式正在发生变化，这需要我们消化大量信息，再加上社交媒体和网络的干扰，这项能力今天尤为重要。我们需要摆脱我们视之为"多任务工作"的坏习惯，因为多任务工作会弱化我们对关键信息的吸收能力。我在本书中不断强调管理对于科技、社交媒体和智能手机的使用，这是因为这项能力不仅对于强化批判思维很重要，对于提升我们的七项能力也十分重要。

6. 成为T型人才

能够理解多领域概念的能力。理想的未来职场精英是"T型"的，他们不仅对一两个领域有深刻的理解，还能够就多个领域的问题发表自己的见解。随着人们预期寿命的延长，终生学习更是至关重要的做法。批判思维和跨话题、跨科目、跨领域以及跨学科的推理也会成为重要的能力，具备这些能力的人将会在竞争中脱颖而出。

我认为，以上这六项原则能够弥补目前的学习与吸收信息模式以及传统教育制度的重大缺失。职场世界在不断变化，我们的教育体系应该更好地助力年轻人适应未来的职场。像我们这些已经离开学校的人，则要准备好随时扩展自己的知识，强化我们的思考能力和终生学习的技能。

培养批判思维所要面对的挑战

对于批判思维及其重要性认知的缺失，大概是对我们进行批判性思考的最大阻碍了。在学术领域，有时仍然刻板地认为批判思维枯燥乏味、太过学术而难以实践，并且太过抽象。批判思维远未成为普罗大众的习惯，但人们对其重要性的了解在逐年增加。

带有创意地解决问题具有高度的趣味性，教育界和培训界应该将其纳入学业课堂中。如今，我们的批判思维能力需要与时俱进，老师和培训师也需要引入各类全新的练习内容。首先我们自己得明确每天都需要锻炼自己的批判思维能力，这要求我们提升自己对于所吸收的信息的可信度的认识，并且管理好自己利用智能手机的习惯。

面对任何情况，我们在手头信息不足的情况下通常会先入为主地妄下定论，这种做法常常是快速而不自知的。我们对于情况的观察视角使我们在没有掌握背景事实的情况下便形成论断。媒体利用惹眼的新闻标题、诱导性的图片和带有偏见或信息不全的内容，使得这种情况更为恶化。因此，面对众说纷纭的各类信息，要想快速地批判性思考并非易事。

建议

鼓励自己参与理性的辩论，从辩题的正反两面进行思考，留心自己的情绪和未经查证的观点，并探索它们的来源。

我们天生就怀有各种思维倾向，要提升自己的批判思维能力，需要认识到自己的思维倾向，并在日常生活中想方设法地对其质疑。我强烈建议读者准备一本学习日记来记录这个过程，以便步步为营地提升自己的批判思维能力。这些倾向有：

1. 确认偏误

当我们掌握实证和信息时，确认偏误会让我们无法客观看待它们，而是只择取其中支持自己观点的内容。这种思维倾向实属人之本性，若非通过刻意寻求与自我认知相悖的信息来进行克服，很难不受其左右。大家可以试试！最重要的是，要认识到自己在日常各种情况中有多频繁而自动地囿于自己的确认偏误，然后有意地逆之而行，这是一个训练大脑的过程。

2. 归因偏误

在心理学上，归因偏误被认为是一种认知偏见，当人们在寻找解释自己和他人行为的原因时常常会陷入其中，诱使自己寻找为行为辩解的借口。这让我们对别人的行为做出很主观的论断，将其归咎于他们的主观因素，而忽视其所处的客观环境。我们还可以进一步将这种倾向分类为：

利己性归因：当你向一群朋友或熟人陈述一个故事时，会让自己在其中扮演完美无瑕的角色。你这样做过吗？

预测性归因：我们会做出能够让自己预测未来的归因。如果你的车被损坏了，你会很主观地归因于自己停车的那个停车场，以后便不再把车停在同一个停车场了，以防止车再次被破坏。你有没有这样做过？

解释性归因：我们会利用解释性归因来认识世界，有些人的归因形式是乐观的，也有些人的归因形式则更为悲观。乐观者会将好事归因于必然的、主观的、普遍性的缘由，将坏事归因于偶然的、外部的和特定的缘由；悲观者会将坏事归因于主观的、必然的和普遍的缘由，将好事归因于外部的、偶然的和特定的缘由。（本书讲"乐观"的一章还会对解释性归因做更多阐释。）

我们每天都可能有意无意地陷入以上任何一种归因偏误，所以要对其提高警惕，鉴定自己的归因偏误也是充满乐趣的过程。

3. 相信道听途说

我们有时会不加鉴别地相信别人的无稽之谈，天真地将他人的说法（甚至闲言碎语）照单全收。想一下自己是不是仅凭别人推荐或网上评价便决定购买某产品或服务？口碑是最好的市场推广工具，但如果我们不加鉴别地对待各种说法，则会严重损害自己的批判性思考与独立判断的能力，所以要追根究底，谨慎地运用社交媒体，在购买之前首先问自己对于产品或服务的具体需求。对于别人的说法要多加质疑，因为这些说法可能仅是主观见解，而非客观事实。

4. 记忆失常

这个"记忆失常"和衰老或其他状况无关，更多指的是用自己所理解的、未必准确的信息或看法来填补记忆空白的倾向。当我们回顾某个经历或解释某个问题时，常常带入自己的解读；当信息或记忆缺失时，我们便会很自然地将其弥平。今后给他人讲述一个事件或解释问题时，大家不妨留心一下自己的这个倾向。

5. 迷信权威

20世纪60年代，社会心理学家斯坦利·米尔格拉姆曾做过一系列著名的实验，发现在权威人物的命令下，人们便会对他人施以电击，命令者的权威性越大，施电击的意愿就越强烈，尽管他们并不确定这样做是对的。这类顺从思维会让我们盲目地认同那些所谓的"专家"或"权威人物"。你有没有这种经历？

6. 拒绝承认无知

我们谁都不想在别人面前出丑，这种心态有时会致使我们罔顾事实、凭空捏造，其实与其这样做，不如直接承认自己无知。这种自欺欺人的现象时常发生，致使我们对事实过度解读或编造无伤大体的谎言来让自己看起来博学多闻。职场上这种现象时有发生，你可能会在自己所处的下一个人际场合中就能将人（包括自己）提包！

仔细留心以上倾向，注意自己陷入其中的情况。不过，不要对自己要求太过苛刻，轻松面对一切。当你纠缠热烈的（在线）讨论时，笑一下自己："看，我又相信道听途说了！"

如何提升批判思维能力

提升批判思维能力的最优方式是提升自己的意识，尝试各类思维方式。批判思维能力基于各类天生能力（包括性格特质、遗传特质和认知适应力），与大脑的运作密不可分。通过认识我们的性格特质和提升自我认知，我们可以纠正自己的行为，进而提升批判思维能力。通过认识大脑的运作原理来增强大脑性能，可以提升这七项能力，尤其是批判思维能力。

批判思维是一种与大脑相关联的纯粹认知功能，其运用是一个过程：提出问题，然后根据所得到的答案再问更多问题，这需要我们更为严格地约束自己。然而，从我们自然形成的偏见可以看出其他性格特质、心理状况和自然倾向都会从很大程度上左右我们的批判思维。

运用思考

埃尔德和保罗在其著作《批判性思维：反盲从，做聪明的思考者》中表示，运用同理心也是提升批判思维的重要内容。既然同理心是一种本能性特质，驱使我们考虑他人的思考角度，包括情绪、观点、出身背景、知识和动机，那么批判思维在某种程度上也应该是天生的能力。在处理问题时我们可以多加反思、周全考量，这两点可以通过参与对话和社交性活动来实现。读者还可以通过阅读"同理心"一章来思考如何通过运用同理心来提升批判思维能力。我在写本书的初版时并没有想到七项能力的重合之处，如果没有后来的再三思索，就不会发现同理心和批判思维的共通之处。

玛丽亚·加西亚·温纳是研究社会认知缺陷的权威专家，她认为我们的思考方式与感受有千丝万缕的关联。[8]社会化思考就是我们在与人互动时的思维方式，批判思维虽然是一项个人能力，却较少运用在独处的情况下。温纳总结出以下社会化思考的特点：

1. 我们的想法和情绪联系密切

我们的思维方式会影响我们的感受，反之亦然。虽然我们不愿如此，但常常难免如此。因此，我们需要学会有效地调节情绪和转换思维。

2. 我们会将他人作为考量因素，哪怕我们与其并无交集

我们会揣测他人对自己的看法，然后依之修正自己的行为，而我们的揣测未必是有据可依的，可能完全是我们的臆断。

3. 我们会依赖视觉来判断他人的想法、动机和情绪

我们会阅读他人的表情，并依之来解读他们对我们的看法，更有甚者，我们还时常认为他人的想法或感受是由我们自己所说的话和所做的事引起的。

温纳还表示，当人们学会独立而灵活地思考时，思维便会更加灵活地变通，整个人也会变得更快乐。

毫无疑问，帮助孩子提升其批判思维能力最好的方法应该运用在教育方法上。我们应该鼓励年轻人提升自己的自立能力，为自己设定目标、独立做决定、表达主见、独立解决问题应该成为年轻人在做职业规划时的重要内容，批判思维能力的教育也应该从娃娃抓起。

要挖掘我们的批判思维潜能，关键在于提升认知灵活性，即根据自己所处的情境改变行为方式的能力。培养这项能力需要保证我们必须在灵活变通的环境中学习知识[9]，知识的传授方式和目的也不必拘于一格。我们在学习任务中加入的信息越多，就越能锻炼我们的能力，我们批判思维的潜能就越能得到开发。[10]

思考一下

你会逃走还是会接受挑战？假设你身体很强壮，能够参加拳击赛，并且能够打赢，但如果在夜晚的街头，面对一个个头比自己矮但很陌生的对手，你就要用到一些批判思维了。如果你恰巧还喝了酒，战胜对方的把握会更小，对吧？在这种情况下，你可能会以某种方式做出评估，但换一种情况，可能就要换一种方式了，并且在评估的过程中要灵活敏锐。

临床心理医生劳伦·肯沃西和本杰明·叶雷什认为，教授孩子认知灵活性时，最好通过一系列其他技能来实现，包括肢体灵活性（比如瑜伽和空间游戏）、应对技能、认识感觉、学习英雄故事和设立明确目标。不少观念先进的小学会引入此类体验式学习方法。令人遗憾的是，这些学习方法到了孩子进入青春期后就被束之高阁了。

认知灵活性对于培养高度的批判思维能力不可或缺，因为面对不断变化的外部需求和轻重缓急，我们需要灵活应变，不断将新的视角、信息和变化纳入考量。如果你的思维比较灵活，便会很容易找到不同的解决问题的方法，能够接受他人的想法并尝试新的体验，面对社会的演进、突如其来的变化以及令人烦恼的人，你都能够保持镇定自若。

升级你头脑中的记事本

你的工作记忆对于控制自己的注意力、排除干扰、进行多任务工作、学有所思至关重要，是我们所说的"智力"的重要组成部分，会随着年龄的增长而加强。还有专门的软件能够依据原理提升你的智力，Dual N-Back练习是一种头脑训练软件，使你一边追踪屏幕上出现的物体，一边记住所听到的字母的顺序。[11]通过此项练习，你可以渐渐地提升工作记忆中的信息储量。

国际象棋也能够提升工作记忆，因为你在下棋时会首先在头脑中将步骤演练出来，一边将其贮存到自己的头脑记事本中，一边考量各种步骤所形成的棋局。一项针对老年人的研究发现，国际象棋是最明确的具有降低智力衰退风险的活动。读书也有类似的效果，阅读的材料越是复杂，加诸工作记忆的负载量就越大。

研究证实，多巴胺能够提升一个人的工作记忆，促进其分泌的食物很容易获得，包括碳水化合物（意大利面、米饭和土豆）、牛油果、香蕉、南瓜子、绿叶蔬菜、鱼和禽类。

保证充足的睡眠也是有效提升工作记忆的方法，当人在睡眠状态时，大脑会执行其修复和维护功能。保证充足的睡眠对于维持强健的大脑功能至关重要。

下午两三点时，人们常常会感到昏昏欲睡，如果借机小憩15分钟到20分钟，不仅可以让自己恢复精力，为之后高效地完成当天的工作备足能量，还能够提升记忆力，让自己在解决问题时思维更为活跃。

还要提醒读者，切不可因为过度使用智能手机而耗尽自己的工作记忆，一定要管理自己的手机使用习惯。如果你想要或需要完成一项要积极调用自己的大脑、知识储备和能力的任务时，就不要多任务工作，而应该集中精力完成单项任务，这需要你在一定时间内脱离手机，我保证，此时你的工作效率会爆棚！

建议

你早上会做的惯例事项有什么？你是起床便开始工作，还是先用心地完成早上的惯例事项？如果能够调整自己的早间习惯，可能会大幅改观自己大脑的批判思考、解决问题和应对工作的能力。

每天早上起床时，我们通常会有一定量的精力和意志力，这些精力和意志力会随着我们做一个个决定而渐渐地耗光。如果你在早上要做数百个无关紧要的决定，精力和意志力肯定会迅速耗尽，导致大脑在白天无法高效运作。建议读者尝试为早上的第一个小时安排一个高度固定的日程表。

比如，我的晨间日程表是这样的：

六点半起床，喝一大杯柠檬水。

写感谢日记，喝一杯茶。

冲个热水澡，与家人聊天，吃早餐，喝咖啡。

写下当日的目标。（并非规划当天的日程，因为这个在前一晚就已经规划好了。）

遛狗，在校园里慢跑（不带手机）。

跑完后开始工作，执行前一晚制订的规划。

我通常会在早上做最重要的工作，下午再收发邮件。

? 你的晨间日程是什么样子的？

_____

_____

_____

? 你可以如何改善自己的晨间日程？

_____

_____

_____

> **人如其食，毫不夸张！**

应对阻碍批判思考的因素

下次当你带入自己先入为主的看法，对与自己的观点有出入的说法视若无睹，或仅凭表面现象便做出判断时，让自己停下来反思一下。你越能发觉自己的缺点，对自己的认知就越全面。记住，前文所说的那些思维倾向，我们谁都不能免受其困扰，并且与生俱来便是如此。但我们越是能够克服这些倾向，就越能加强自己批判性的思维策略。

拒绝自欺欺人

实事求是地与人沟通，不要捏造事实，不懂装懂。在会议、报告之前做好功课，这样便不会由于准备不足而需要刻意添油加醋。让自己慢下来，不要奢望"日理万机"，与其追求数量，不如追求质量。

通向批判思维的六个步骤

批判思维能力是可以提升的，而增强自己的感知力是重要的开端。提升批判思维能力就像锻炼肌肉一样，需要认真投入。可以写日记来记录自己的想法和经历，哪怕只写一段时间，也会带来明显的帮助。

1. 质疑自己先入为主的看法

探索自己看法的来源。一个批判思考者会充满好奇心，凡事都会搞清状况，问其原因。面对情况要明察秋毫，鉴别自己的先入之见。我们可能在很多情况下都会带入自己的主观看法却并不自知，现在可以做出纠正，刨根究底了。

? 回顾最近自己所参与的对话和所处的情境，有没有发现自己在其中不假思索地带入了自己的主观看法？是什么主观看法？其来源是哪里？

_____

_____

_____

2. 采纳不同的视角

设身处地地从他人的角度看问题，这需要用到同理心。你还可以在做决定时参考别人的看法，如果你有幸能够在一个多元文化环境中工作的话，问一问其他人对这个问题有何看法……你会收获到宝贵的见解。试着从尽可能多的角度看待问题，努力认识到自己角度的偏颇之处。

_____

_____

_____

? 在分析问题时，可以试着采纳不同的视角，如果有条件，你还可以设立一个问题研讨小组，看大家能够提出什么高见，你甚至可以将问题设置为讨论题目，看其他人有什么想法。

_____

_____

_____

3. 发挥创意

塞翁失马，焉知非福。一个精明的批判思考者能够在别人拘泥于问题时看到良机，趁势做出改变。读者可以探索发挥创意、积极创新的机遇。你不必成为天才，我们的大脑天生就有发散思维的能力。

? 回顾你曾遇到过什么挫折：

_____

_____

_____

? 这个挫折同时给你带来了什么新机会，或如何激励你转换思维？

_____

_____

_____

4. 规划出反思时间

我们如今忙碌到很难有反思的时间，但仍然应该挤出时间来反思自己，可以将其定为自己在决策过程中的固定习惯。我们不妨养成每日反思的习惯，哪怕时不时地挤出五分钟来做这件事也会带来明显的效果，因为点滴时间也能帮助自己养成全面思考、谨慎决策的习惯。记住，上下班通勤的时间也可以用来反思和练习正念!

? 还有没有其他将反思纳入自己每日日程的途径?

_____

_____

_____

5. 透过现象看本质

　　既不要停留在表面印象之上,也不要迷信直觉,多多思考根本原因、源头因素和内在本质。切不可不假思索地相信道听途说,我们常常因此受到误导。另外,任何时候都不要背后说长道短!

? 快速浏览一下自己最常用的社交媒体平台,你在上面得到了什么表面印象?

_____

_____

_____

? 回想自己感受到"直觉"并依其做出决定的经历,事实果然如自己的直觉所料吗?

_____

_____

_____

6. 提升自己的技能

不断阅读、写作，开设自己的播客，与人深度交谈重要且复杂的话题，深度探讨重要事件，参加辩论，形成自己的看法和观点。每天学习新技能，保持学习，保持好奇心。如果你已为人父母，不妨鼓励自己的孩子也这样做。

具体案例

本章末尾，我们通过了解丽莎的人生来探讨批判思维这个技能，首先通过她的个人简介来认识一下丽莎其人。

关于丽莎

丽莎20多岁，是一位经营在线时装业务的创业型企业家，她的业务蒸蒸日上，常常需要出差，没有固定的办公室，她家就是办公室。由于其业务的移动性，她主要通过笔记本电脑、平板电脑和手机来办公。丽莎说，她可以在任何时间、任何地点工作，她为自己工作的灵活性感到幸运。她大部分时间都在线上与自己的远程团队以及中东和亚洲的生意伙伴沟通联系。

丽莎是个精神饱满、性格外向、心态积极的人。她交友广泛，无论是个人还是代表公司。她在社交网络上很活跃，她不太花时间阅读，觉着自己可以在线查到自己想知道的所有东西。她大学毕业后就创业了，她对时尚的嗅觉一直很灵敏，而她在大学所学的历史专业固然有趣，但对于她的工作并无任何帮助，所以她必须通过亲身实践来学习工作上所需要的技能。她的学习速度很快，所以她一手创办的业务也非常成功。

我们了解下丽莎一天的生活，思考她如何能够通过提升批判思维能力来获得成长。

丽莎的一天

丽莎的日程并不固定。她起床比较晚，由于和商业伙伴之间的时差，以及经常参加行业内的晚间活动和夜总会活动，她入睡通常也很晚。醒来后，她一般会立马打开电脑或在iPad上查邮件并查看业界的社交平台信息，并反复翻阅个人社交平台上的内容，不断被上面的信息和自己所点击的文章或新闻分心。起床后，通常快到午饭时间了，所以她就只喝一杯咖啡，简单吃一个三明治，一边吃一边和供应商、买家举行视频会议。她的下午通常会被行政事务和会议筹备所占据，三点钟时，她预订了去香港的机票和酒店。接着她遇到了一个困难：她的一个供应商没有在他们商定的截止日期供货，于是她立马就召集自己的团队进行在线讨论，但他们也无法很快解决这个问题，因为这个订单与其他订单的截止日期重合，这让丽莎倍感压力。于是她决定把这件事搁置到第二天，届时她可以腾出时间好好考虑如何解决这个问题。

丽莎的社交生活和工作之间并没有明显界限。今晚，她按照惯例出席交际晚宴和媒体活动，其间遇到了一个行业竞争对手，但二人的对话并不愉快，这让丽莎略有几分愠色，但她并未耿耿于怀，毕竟她的业务总体进展地并不差。

丽莎晚上较早地结束活动回家，睡前她又一次查看了邮件和社交媒体内容，确保自己在睡觉之前不会错过什么，而她的睡眠并不规律。

丽莎到底怎么了？

丽莎年轻而有活力，她的业务也蒸蒸日上。她大学毕业后就自己创业了，并且取得了很大的成功，这自然归因于她的各项出色能力。表面看起来，她并不太需要利用批判思维来进一步提升自己，她的历史学学位可能已经证明她的批判思维能力了。然而，实际上，丽莎尚未具备能让她在个人生活和业务上取得真正成功的批判思维能力。她现在面临劳累过度的风险，随着业务的扩张，她需要花在上面的时间也越来越多，并且她目前的生活并不规律，这让她不能应付每天收到的大量信息和数据。由于过多受到网络信息的干扰，她的大脑集中注意力、专心完成一项任务的能力越来越弱，这让她的工作效率很低。批判思维能够让她更有效地利用社交媒体。创新和创意也是她的行业所需要的关键能力，而这两项能力都可以通过批判思维来大幅提升。批判思维还能帮助她更有效而富有创意地解决问题，这正是她所缺少的。为什么她与她的同行竞争对手的对话进展得不顺利？因为丽莎的倾听能力不是特别强，注意力无法长时间集中，在这种情况下，她并没有把注意力集中在对方身上，大脑跳针让她在交流时无意识地带入了很多主观看法和不实信息。

丽莎决定要学会利用一些批判思维能力。我们半年之后再来看丽莎的生活发生了什么改变！

丽莎的人生改变

如今丽莎已经学会了更理性地利用社交媒体了，她决定以其行业专家的定位利用社交媒体推广自己的业务。她现在定期在上面发布自己的博客，博客内容包括高质量的专业内容。如今的她，还学会了更有序地处理每天扑面而来的在线信息，通过写博客，她可以深入地将各种想法串联起来思考它们的意义，这个过程让她想起了自己大学时曾学过并且很喜欢的一些课程。丽莎如今还努力让自己的个人生活和工作泾渭分明，虽然这并不容易做到，但她却深刻地领悟到了这样做的好处。她只在每天的固定时间里查看社交媒体上的内容，并设立了一个社交媒体管理面板来控制自己的使用习惯。由于现在有了博客，所以她发表的内容也越来越具有策略性。她还渐渐学会了规划自己的日程，在一天的不同时间段内专注不同的活动（写博客、行业研究、发布活动信息和营销活动内容、发表照片和图片内容等）。

丽莎还决定在她和团队的会议中加入更多创意环节。创意对她的工作和个人生活不可或缺，于是，她会定期组织团队进行自由思考和发挥创意的任务和练习，她的团队成员乐在其中，贡献了很多重要的点子。她半年前所遇到的棘手的供货不足问题，现在已经不再困扰她了，因为他们现在已经建立了考虑周全的供货方案。

丽莎现在还成长为一个很好的倾听者。她意识到了自己时常会不假思索得出结论，于是现在与人沟通时便会刻意让自己慢下来，尤其会认真聆听自己的竞争对手。曾经的丽莎如果没有掌握大量的业界信息便会感到没有安全感，而她现在意识到自己会在竞争者面前有些受威胁的感觉，于是就有意地鼓励自己多向他们请教问题。

丽莎一天的行程仍然不甚规律，但她现在感到更为放松了，也更能享受自己所参加的活动。回家之后，她会努力放空自己，已经不再被iPad干扰了。

从丽莎的人生中可以看出，批判思维能力能给生活带来很大的改观。我们很多人的生活很像曾经的丽莎，每天走马观花地处理各种信息，把自己的一天安排地满满当当。如果能够将提升批判思维能力纳入自己的日常生活中，我们也可以像现在的丽莎一样高能、高效而富有创意。

第 **3** 章

同理心

　　未来的世界尤其需要我们提升与"人性"有关的能力，比如积极倾听、关怀他人、照料别人。同理心，即能够理解、认识他人的感受和想法，并对其感同身受的能力，可能是面向未来最重要的能力之一。同理心能够拉近我们与他人的距离，让人生更加充实，提升我们应对挑战的能力。具体应该如何理解"同理心"这个词呢？"同理心"的英文词"empathy"来自德语的"einfuehlungsvermogen"一词，"empathy"的前缀"em"在古希腊语中表示"处于……之中"，词干"pathy"来自"pathos"，在希腊语中表示"感受"。

　　从字面意义上来讲，同理心意味着能够亲身体会另一个人的感受，让自己设身处地感受并理解他人的处境、感受和目的。或许有读者第一次听到这个词时略有不解。

什么是同理心？

　　人们可能会混淆"同理心"与"同情心"，后者也指理解他人的处境，但是是从自己的视角来理解的，所以是以自我为主的对他人经历的认知。比如，如果一个朋友告诉你，他的一个亲人过世了，你会真诚地回应你的朋友，表示自己的同情心，因为你自己几年前也曾失去过一位亲人，明白处在这种境遇下的感受。这看起来是同理心，但实际上你所表达的还是自己的观点，所以同情心是做出评判的过程。更有甚者，你可能并未认真地聆听你的朋友，却带入了自己的故事和经历。相比之下，同理心是真真正正地走出自己的世界，深入他人的心灵所经历的感受。所以，你固然可以保有自己的看法，但也可以设身处地地感受他人的情绪、内心的冲突和渴求。这不仅要求你关注别人，还要认真地倾听对方。总之，关注他人是同理心的基础。

> 同理心不是告诉别人去关注自己认为好的一面。

学界对同理心的认识

布勒内·布朗是休斯敦大学的教授，她近20年的研究领域包括同理心、脆弱性和领导力，她对同理心的总结如下：

同理心意味着从他人的视角感受世界，需要我们抛开自己的观念和成见，选择从他人的视野感受其境遇。

同理心需要不随意妄加评判，因为随意评判便忽视了他人的感受，实际上是使自己免于感受到处于这种境遇时的痛苦。

同理心要求理解另外一个人的感受，而我们首先要认真体会自己的各类感受，才能真正理解他人的感受。

同理心需要表达对于他人感受的理解。不要说类似于"至少你还有……"或"你的情况还可以更糟"这样的话，试着说"我也经历过这种情况，真的很让人难受"，或是"你的处境真的很艰难，可以告诉我更多细节吗？"（布朗教授所举的例子），甚至还可以说"我不知道该如何回应，但谢谢你告诉我这些"。

知名心理学家和情商学专家丹尼尔·戈尔曼认为同理心可以分为

三种：

认知性同理心——"理解"他人视角的能力。这需要有发自内心的好奇，认真思考别人的行为和背后的动机。自知力是认知性同理心的关键，如果你对自己的感受有高度认知，明白其源头，并且能够管理自己的行为，便可以将其利用到与别人的互动中。虽然这样做并不容易，但只要你愿意，还是可以做到的。

情绪性同理心——感受他人的感受是来自大脑的深层反应。我们很容易会不由自主地模仿别人的肢体语言，此时我们大脑中的神经细胞会很活跃。但是，有意识地深刻感受他人的感受则需要我们仔细留意，不要随意带入主观看法，领会到别人的肢体语言、面部表情和语气中所传达的信息。

同理性关心——能够感受别人对自己的需求的能力。要做到这一点，需要能够在体会别人的感受时管理自己的情绪，让自己保持心态平和。

同理心是一项右脑功能[1]，和人际交往能力有很大关联。在今天竞争激烈的全球化经济中，有一项能力既不能让别人代替自己发挥，更无法让机器来代做，这便是理解别人的喜好，建立牢固而充满信任的人际关系以及关心别人的能力。这项能力无论在职场中，还是在私人生活中都会越来越重要。同理心无论在个人生活中还是在职场中，都是竞争优势，具备同理心能够让你脱颖而出。如今不少工作环境嘈杂拥挤，向他人施以同理心会有力地巩固你的私交和工作关系。

同理心的必要性

为什么我们每个人都应该增强自己的同理心？首先，如果没有同理心，一个人便无法真正地聆听别人、真心诚意地尊重别人或懂得如何珍视自己的人际关系。在当今高度互联的世界中，我们的太多行为都处在公共视野中，其中包括你与别人交流相处的方式。

我们如今花太多时间与人在线交流了，而在线交流时，我们会错过面对面交流的氛围，也无须集中精力关注他人，导致同理心在人际交往中严重缺失。今天有多少讨论、对话和争辩纯粹只是线上活动？现代世界中的干扰无处不在，我们常常忽略对与自己交流的人给予关心，还会错过在当面交流中传递重要信息的面部表情，所以我们对别人感同身受的能力正在弱化。因此，现在要提升紧迫感，挽回这项在人际关系中至关重要却不断受到挑战的天生本能。

同理心有时候也会被称为"群商"，群商高的人能够敏锐地感受自己身边人的情感，并依之调整自己交流时的用词、语气和姿态。这项能力的重要性不言而喻，而随着今天我们需要共事的群组越来越多，既有实地的，也有在线的，其重要性就更加凸显了。群商作为一个人非常重要的价值载体，既是人的心灵中固有的成分，也可以在后天得以提升。在当今全球互联的时代中，当你在世界各地与各种文化背景的人互动时，这项能力不可或缺。

无论处在什么环境中，面对多么陌生的文化语境，这个时代都要求你能够有良好的表现，这不仅需要像语言能力这样的具体技能，还需要你具备适应、感知和应对不断改变的环境和语境的能力。

互联网改变了我们交流的方式，人们曾经用以实现流畅沟通的很多方法无法在网络社交平台上体现出来，这让同理心成为一项日趋珍贵的品质，而无论在线上还是线下，同理心都应该是帮助我们与人沟通的有效工具。

> **思考一下**
>
> 对本书读者来说，社交媒体可能是自己生活中非常重要的一部分，目前对大多数人来说是这样的。社交媒体具体包括在线社交平台和即时信息软件，这些大大方便了人与人之间的沟通，但也会造成很多误解和伤害。在使用社交媒体时，你也可以利用同理心拉近自己与在线好友的距离，多发表积极的评论和回复，同时限制自己对社交媒体的使用，这样所发表的内容更能经过深思熟虑。如果你需要与人谈一个比较令人难以启齿或容易引发误会的话题，不要在社交媒体上或通过在线信息平台谈，而应该约对方见面聊。在社交媒体上沟通确实更加快捷，但也容易造成沟通不畅或误解，给人际关系造成很久才能弥合的裂痕。

同理心在职场中的用途

知名商业策略师戴夫·帕特奈克在其著作《谁说商业直觉是天生的》中表示，各类机构都可以利用其职员天生的同理心，让大家走出自我，与人交好。当一家公司的员工对世界有着共同的认知时，整个公司便更富有敢于创新和冒险的勇气，会比竞争者更敏锐地发现新机遇。另外，同理心的作用还在于能让一家公司深入地理解市场的需要。

职场中运用同理心的案例

20世纪90年代初，IBM面临巨大危机[2]，濒临破产。时任CEO的郭士纳发起了一个"熊抱行动"，让处在最高头衔的50名高管走上街头倾听消费者的需求，并思考IBM可以如何解决消费者的需求。后来，"熊抱行动"在中层和基层的经理中也普及开来，让IBM发现很多重要机遇，并充分利用当时互联网普及的趋势，让公司转亏为盈，其业务模式则不再以产品为中心，转而以服务为中心。

关于同理心对于商业业绩贡献的实例数不胜数，有研究探讨了同理心对于提升销售量的作用，这一作用是通过提升优秀产品研发经理的绩效和增进团队的多元化来实现的。

同理心也是领导力不可或缺的因素。领导者可以通过同理心在团队中建立信任，消除工作环境中的恐惧、焦虑和猜忌，这些因素会让大家对彼此高度戒备，不敢表达自己的想法，严重压抑创造力和工作效率。

建议

哪怕在充满狼性的职场环境中，同理心、感恩与慷慨都是领导者必不可少的三项根本品质。

如何实践同理心：

在每次互动中试着向对方提问令人深思的问题，并用自己的话向对方复述其所提出的看法。

专心致志地倾听他人，用身体和眼神面对讲话者，表达自己的兴趣与热情。

当有人向你陈述他所遇到的问题时，利用"我深表同情"或"真的辛苦你了"这样的语句来表达关心，切莫妄加判断或给人提意见。

在与人会面之前，花片刻时间想一下对方最近的境况。

表达感恩的方法：

将真诚致谢作为自己与他人交流必不可少的因素，这不仅对工作有益，还能增进你与所有人的关系。

及时向自己的同事发邮件或信息，具体而详细地表达自己对其辛勤工作的感谢。

公开认可每一位员工（包括支持团队）对大家共同成就的贡献。

实践慷慨的方法：

寻求与自己的团队成员进行一对一互动的机会。

授权自己的员工承担重要且曝光度高的职责。

对他人不吝美言。

与他人共享镁光灯，公开认可所有对团队和公司的成功有所贡献的人。

同理心是情商的构成因素，而自我认知是情商的基石。情商不是固定不变的，是可以在成长中不断提升的，这需要有丰富的经历、开放的胸怀、对进步的追求和自我认知。

今天的职场需要年轻、独立、人缘好、灵活变通的员工。《哈佛商业评论》曾发表过一篇点击量很高的文章《领导者需要具备哪些品质》，文章作者戈尔曼在其中重点强调了同理心的重要性以及其与日俱增的三点缘由：

1. 团队协作在职场中的地位越来越重要，现在的团队不仅要面对面

合作，还需要远程合作。尽管我们的工作模式日新月异，但我们很少单打独斗，而是各色各样的团队共同合作。培生的"2030未来技能研究"特别强调了社交与人际关系能力在我们成长过程中的重要作用，未来的职场对于高效、全能、合作紧密的团队需求会长盛不衰。[3]

2. 全球化的进程正在不断加速。今天的很多组织都处在全球化和数字化这两个主题的语境中（泰特，2017），而误解在这两种背景主题下会难以避免地发生。安永公司所做的一份公共调查显示，今天的社会中存在着巨大的文化知识缺口。[4]

3. 技能的供不应求。随着战后一代渐渐退出历史舞台，很多能力正变得越来越稀缺，各家雇主对人才的抢夺也日益激烈，这就需要加强对培养人才的重视。他们固然不必保护那些被高科技取代的工作岗位，但仍需重视人才，通过加强培训提升员工的灵活度和适应性。

戈尔曼认为，拥有高度同理心的领导者必能提升公司的效益，其领导方法未必体现在明显之处，却很用心周到。他们不一定非得与自己员工的观点一致或是刻意迎合他们，但他们不仅在各方面都会深思熟虑，还会"高度重视自己部下的感受"，从而做出明智的决定。

很多时候，一个人的心情很受自己的工作体验的影响，我们的整体生活质量也是由每天心情的积极或消极程度所决定的。积极的心情给我们带来良好的感觉，进而提升我们的工作表现和贡献。众所周知，一个人的感受能够影响他的行为和表现，因此，关注员工与同事的感受，为对方打气，使其成为"最好的自己"，是利人利己的做法，而这种做法必然要涉及运用同理心。

对现在很多公司来说，社交媒体已是最大的推广平台，而社交平台上的成功不仅靠推销产品，还要分享有趣又有用的内容以及近距离倾听消费者的需求和看法，以此在消费者中间建立口碑与信任，从而提升销售表现。这个过程需要时间，也需要灌注高度的同理心。在线交流时，同理心也同样不可或缺，这是因为在网络上的互动交流中，权力是被受众而非讲话者所掌控的。[5]无论你是代表自己，还是代表自己的机构与受众交流都是如此。受众会按照自己的需求和满足需求的方式不断流动，会主动找到自己所需要的产品和服务（而非产品和服务找到他们），所以，利用同理心与消费者交流非常关键。不要单向地行销自己的产品或服务，而是要聆听消费者的看法，切身思考他们的需求。

同理心的重要性有没有在与日俱增？当然！因为社交媒体不仅扩展了消费者的选择范围，还给我们带来便捷的选择通道。很多商家认识到社交媒体对于建立品牌辨识度、拉近与消费者之间距离的巨大作用，所以利用社交媒体推广业务越来越普及了。

有关同理心的案例研究

社交媒体与移动平台策略咨询公司创始人比利·克里普十分肯定，利用社交媒体与他人互动离不开同理心。如今社交媒体作为市场推广工具被广泛应用，营销者可以通过社交平台了解消费者的需求，并通过提供有趣又有用的内容或产品来满足这些需求，这需要专注地聆听他人。锻炼同理心不仅能够帮助你了解市场的需求，还能让你认识到各类内容在当下所受的关注度，因为同理心可以让你更好地倾听，更好地保持注意力。比如，我最近才开始用推特，感觉推特仿佛是通向更广阔世界的一扇大门，启发了我努力提升可以运用在社交媒体上的同理心技能，还促使我灵活地应对变化、做出改变。使用推特有时候会给人带来些许不适，还可能会让人浪费太多时间，但绝对值得！

培养同理心所要面对的挑战

通常情况下，我们不会从他人的视角感知世界，而更经常活在自己的思维世界中，并且无意识地期待别人也按照自己的模式进行思考。这有点痴心妄想，因为别人不会也不能完全按照你我的方式来思考。若要在各类人际交往中利用同理心，则需要我们有意地花心思观察自己和他人，很重要的一个方法就是积极倾听，然而倾听并非易事。

我们常以为自己在倾听，实际上，我们并非在努力理解别人，对别人感同身受。我认为，真正的倾听最能够带来改变的力量。
——卡尔·罗杰斯，美国心理学家、人本主义心理学创始人

如何对烦扰你或给你带来挫折的人施以同理心？

首先，我们需要思考，一个人之所以会惹恼你，有可能是因为他们的表达方式，也有可能是因为他们的行为比较粗鲁且唐突，还可能是因为你只是看不惯这个人！而利用同理心则可以让你保持镇定，学会应对难以相处的人。

积极反思

时刻记住，大多数人通常都不会故意来招惹你，他们可能也是被自己生活中的经历所困扰。对他们来说，如何面对生活中的困扰，取决于他们的自我意识和避免将自己的问题转嫁到别人身上的能力。同样，你也可以静下来问一下自己：我为什么对此人反应如此强烈？有可能是因

为这个人让你想起某个自己曾厌恶的人，自知力可以让你认识到自身所具备的换位思考能力，所以在此非常关键。

保持镇定

你需要利用自控力和毅力。这个人早晚都在做让你生厌的事，此时你当然会心生不悦，一定要认识自己的引爆点。你的呼吸可能会加快，手心可能会冒汗，甚至体温可能也会上升，此时如果你恼羞成怒，便可能失去理智。因此，让自己深呼吸，不要让自己的压力激素挟持了自己，做出令自己后悔的事。保持镇定能让大脑保持理性，进而利用自己的同理心。这并非胆小怕事或敢怒而不敢言，而是利用理智让自己更客观地认识当下局面。

保持好奇心

当你被激怒或惹恼时，便会失去理解他人角度和感受的能力。努力思考为什么别人会有如此想法或做法，问自己是什么原因才刺激或引发他的行为的。想一下此人的文化背景、教育程度、家庭状况和当下所面对的处境。你大可不必认同或支持他们的做法，但还是不妨理解一下他们的角度，或许他们只是这一天非常不顺利。

专注你们的共同点。不同之处显而易见，但不妨也考虑下你们有什么共同之处。

宽恕他人。当我们面对自己讨厌的人时，会不自主地认为此人图谋不轨，并且依此对待这个人。不妨尝试改变自己的看法，转而向对方表示友好，可以赞赏对方，也可以主动帮助对方。这当然需要你真心诚意，留意对方以被动的方式表现攻击性的做法，但我们可以主动选择以德报怨，同理心是你在任何情况下都可以主动做出的选择。

谈曾经与之讳莫如深的话题。只要怀着同理心，你便可以心平气和地直面与自己有矛盾的人，可以直言不讳地说"我想和你探讨我们如何能够相处得更好"。如果此人与你共事或亲缘关系比较近时，你们的关系自然很重要，你尤其要努力正面面对你们之间的问题。而且不要忘了，这个人其实有可能与你心有灵犀，也会想这样做。如果此人特别令你苦恼的话，有可能他也正被你苦恼着！

关注未尽之辞

我们需要注意掩藏在客套话背后的未尽之词。同理心需要你不被客套所拘束，敢于在恰当的时机讨论不易讨论的话题。同理心当然需要实事求是，而真实的信息正是通过认真倾听获得的。你越心平气和地去理解他人的角度，对方就越会向你袒露胸襟。那么该如何理解对方呢？你要问恰当的问题，同时观察对方的肢体语言。如果你的目的是要引导或影响一个人，首先要注意自己的言行。大多数人在听别人诉说时并不追求理解对方，只是在等自己说话的机会。我对此心知肚明，因为我一天之内也会数次这样做，而同理心既需要尽心，又需要尽力地倾听并理解他人。

思考一下

当你积极地倾听时，其实你是在将你们的对话升华。由于我们大多数人很少能够得到被倾听的机会，所以当你认真地花时间来倾听时，对方会心怀感激。这就是真心换真心，只是我们平日不易坚持做到。

同理心不仅要求懂得他人的感受和想法，还要理解在初次对话时所透露出来的难言之隐。这就像谈判一样，谈判者必须认识到双方对话背

后所隐匿的目标和约束条件，这些目标和约束条件有来自公务上的（如果是商务谈判的话），也可能是私人的。要了解这些未尽之词，需要绕过台面上的话题进行广泛讨论和深入研究。

锦囊妙计

当与他人在一起时全身心投入，并留意非语言层面上的交流。

全身心投入的第一步是在与人互动时把手机放到一边，忽略电子邮件，并暂时不接电话。

自我

我们都有高度发达的个性或自我，有时候会让我们难以利用同理心对他人感同身受。自我就像一堵墙一样把我们与他人阻断开来，我们每天都只关注自我，从自己的角度观察世界，这很自然。今天我们越来越习惯于被动反应，而非主动进行思考和应对，更是让自我成为一切的审判者。所以，难以利用同理心是我们的自然反应，需要我们有意地将其调动。

在谈朋友的个人处境时，你很可能会带入自己的主观看法，比如设想如果自己失业了，自己感觉如何，这样同理心会变得更困难了。

如何提升同理心

　　一个人能不能认识并恰当地回应他人的所感所需，大多数是由社会因素来决定的，这些因素可能包括成长背景和生活环境。2018 年曾有一项对同理心遗传基础的大型研究，表明人们的慈悲心与对他人的理解力只有 10% 是由遗传因素决定的。[6]

　　当然，有人确实天生就更有同理心。神经科学研究已证实，同理心与大脑的工作方式存在关联[7]，这既表明某些人可能会比另一些人更有同理心，又表明同理心可以经过后天学习开发。神经科学家夏尼达·纳塔拉加博士认为，西方人会过度地用自己的左脑，即大脑中逻辑、推理、分析的功能。为什么会如此？这是因为我们所在的世界每天都有太多信息了，大脑需要通过处理这些信息来让我们立足于世界。

　　而我们的右脑则与纵观全局、情感表达、创造力、非语言认知、视觉和空间感知有关，所以是同理心的生理基础。事实上，大量研究证实，感知他人感觉的能力是天生的，因为我们具有"镜神经元"，能够像 Wi-Fi 一样将自己的大脑与同自己互动的人联结起来。[8]功能性磁共振成像显示，当一个人观察并感知另外一个人的疼痛或压力时，大脑中与情绪和生理感知的区域都会亮起来[9]，也就是说，你能真真切切地感受到他人的疼痛和情感。还有研究证实[10]，当我们表现慷慨、帮助他人时，大脑中通常表征事物或性爱所带来愉悦感的区域也会亮起来。[11]

　　当你走在大街上时，如果有人迎面走来，你们两人在避开对方时可能会朝同一方向移动，这是因为我们的镜神经元感受到了对方的目的，因此你也会模仿对方的行为，直到大脑的认知力驱使你横移向反方向，给对方让开路。[12]可见，镜神经元能够调动起我们的同理心，这说明同理心其实是我们的自然本能，同时也告诉我们，我们可以精确地掌握自己的同理心。

　　一切从我做起。既然同理心的目的是理解他人，表现自己善解人意与慈悲的一面，就应该先从理解自己、同情自己开始，这就像飞机的安全宣讲会建议你，给小朋友或其他人戴氧气面罩之前要先给自己戴上。若不能照顾好自己，自然没有能量、资源和精力来照顾他人。自我关照能够增强你的自我认知，而自我认知在利用同理心与难以相处的人打交道时至关重要。

所以，先好好照顾自己吧！

自我关照的第一步是关注自身，每天问自己生理、心理、情感和精神方面的需求是否已得到满足。首先，你可以做一个简单的表格，在其中分别列出给自己带来好心情、让自己安心的事项和经历，以及让自己感到不悦的情况。这点之所以很重要，很大一部分原因是我们的同理心水平不会在所有情况下，甚至在自己的一生中一成不变。当你处在压力之下，感到劳累或疏于自我照顾时，表达同理心的能力自然会下降。

每一位读者的列表肯定不同，下面的表格是一个例子：

疏于自我关照的表现	自我关照的表现
连续几晚深夜才睡	努力让自己10点半之前上床
抱怨当下自己的处境	上床之前洗澡放松
早上的时间安排混乱	提早规划自己的饮食，吃得健康又美味
拿自己和别人做比较	陪伴朋友与家人
忽视自己的身体	跳舞
摄入太多糖	定时上瑜伽课
工作时间过长，甚至直到深夜	每天练习正念
沉迷于照片墙，忽略正念练习	每天早上和晚上都写感谢日记
沉迷于屏幕	对自己真诚以待
花太多时间看电视	留意自我批评的想法，进行积极自我暗示
在社交媒体上浪费太多时间	像对待好友、家人、同事一样友善地对待自己
不按时吃饭，或好好坐下来专心吃饭	根据身体情况休息与小憩
忽略自己对于休假的需要	在大自然中散步
疏远朋友与家人	去海边游泳
长时间置身于嘈杂的人群中	享受独处时的安静时光

列这个表格也许听起来有些奇怪，你可能不觉得有什么必要，但这样做对于培养自己的同理心，甚至提升其他能力（比如韧性）都不可或缺。

我们当然还可以通过在日常与他人的互动中多加用心来提升自己的同理心。

锦囊妙计

对与自己观念不同的人施以同理心

当面对与自己观念不同的人时，一个积极的回应是"你的想法很有意思，请问这个想法是怎么得来的"，你还可以直说"请解释一下你的看法吧"。

阅读他人的表情

丹尼尔·平克在其著作《全新思维》中表示，如果我们要提升自己的同理心，首先要学习阅读他人的面部表情和肢体语言，这要求我们全身心地关注与自己互动的人[13]，因为面部表情在几秒钟内能够呈现一个人的真实感受，而这些真实感受未必会通过语言表现出来。[14]如果我们能够在这几秒钟内专心地关注对方的表情，将自己的想法搁置一旁，便能够明白对方的感受。平克提议，我们尤其要仔细地观察对方转瞬即逝的"微表情"。

如何阅读他人的表情

微表情发自潜意识，是一瞬间呈现在面部的表情。这类表情不易伪装，能够百分之百地反映一个人的感受，不过过后会被掩饰掉。一旦对方能够利用意识控制自己，其面部便会呈现出想要你看到的表情。

我们一共有七种共通的微表情：厌恶、愤怒、恐惧、悲伤、快乐、惊讶和鄙视，它们的持续时间可能只有1/25秒到1/15秒，所以你要快速地将其捕捉到！

看访谈视频是练习阅读微表情的最好方法，你可以先看对政客和犯罪分子的采访。

观看时，把声音关掉，留心其肢体语言和面部表情，还可以反复重播，直到自己能瞬时留意到被采访者的神态变化。最后，打开声音，当微表情浮现在脸上时，被采访者正在说什么？所说的话和面部的微表情所传达的信息一致吗？

锦囊妙计

专注面部。下次在会议或谈判中向他人提问时，不要只是听对方的说辞，花至少4秒钟的时间紧盯对方的面部表情。培养自己对微表情的敏感度，看自己是否能够准确无误地读懂对方的感受。

积极倾听

很多人认为自己是出色的倾听者，他们觉得倾听便是当别人讲话时自己不说话，并通过面部表情、叹词来告诉对方自己在聆听，还能重复别人的话。然而，这并不是最好的倾听状态，很多倾听技巧当然包括我们提到的这些：保持安静，点头，用叹词鼓励对方继续说，以及向对方发问"我看下自己是否听懂了，您的意思是不是……"。

积极的倾听并不止于此：

1. 在另一个人讲话时保持安静不等于有效倾听，还需要积极发问。最好的倾听者会不断地提问以激发更多发现和洞见，并以建设性的方式与对方进行沟通交谈，而非只是不断地点头同意。如果能提出好的问题，表示倾听者不仅听到了对方说的话，还形成了自己的理解，并且想要获得更多信息。最好的交流是积极的、双向的对话。

2. 好的倾听还应该有能够提升对方自我认知的互动。要努力让对话成为一种积极体验，听者要避免消极的态度或对对方提出批评，应该通过让讲话者感受到支持，从而敞开心扉。

3. 良好的倾听是一种合作性对话。不合格的倾听者会挑对方推理或逻辑的差错，并在沉默时专注准备自己的回应。出色的倾听者虽然也会挑战对方的成见，提出不同的看法，但绝不会让对方感觉双方在言语对峙。

4. 好的倾听者也会提出建议。前提是讲话者已经对听者有了信任，能够接受对方的反馈和建议。

出色的倾听者就像一张蹦床，你可以从他们身上获取"反弹"出来的看法，他们并不是一味地听，而对自己的看法遮遮掩掩。讲话者可以利用从倾听者那儿所获得的反馈来理清自己的思路。

倾听的各个层级：

①创造一个能够各抒己见、畅所欲言的环境。

②清除手机等干扰因素，聚精会神地关注对方，保持适当的眼神交

流，因为眼神交流有利于倾听者调整自己的感受。

③努力理解对方所说的内容，抓住其中所透露的想法，通过重复对方的话来验证自己的理解是否准确。

④留意非语言信息，要特别关注神态、手势、姿态和其他各类细微的肢体信号。超过80%的信息是通过非语言表达传递的。

⑤逐渐认识到对方的情绪和对所谈话题的感受，不加评判地认可对方的感受。

⑥就讲话者所持的成见向其提问，以帮助对方从全新的角度看待问题，可以添加自己对其有帮助的想法和建议，但不要否定对方的看法。

每一级都是建立在前面一级的基础之上的。

因此，如果你没能执行前面几个层级，自然无法给对方提出解决方案。

而我们大多数人又仅停留在前几个层级而无法真正贡献自己的看法。

积极倾听有两大因素：

兴趣。 要对讲话者所说的内容保持好奇心，乐意积极地倾听对方。对话的开始或许我们的兴趣并不高，但让自己保持好奇，自然会渐渐地提起兴趣。如何表现自己的兴趣，有很多方法，可以利用肢体语言，也可以利用言语或文字回馈对方所表达的内容。

专注。 通常，当别人讲话时，我们只是专注自己的想法，或在盘算着自己接下来该说什么，并未让自己的注意力聚焦在此时此刻。我们可能需要迫使自己专注当下，这样做的好处是不言而喻的。

所以，下次与人交往时，试着不要总想自己该说什么，而是真诚地去理解对方传达的内容。不要催促对方，保持耐心和尊重，理解他人的情绪，帮对方理清思路，察言观色，以高度的兴趣去认识对方。

锦囊妙计

鼓励自己与他人深入地对话

想要真正了解一个人的观点或内心感受，就要让与对方的话语不仅停留在寒暄之上。当然，这并不是要你打听对方的私生活，你可以主动破冰，主动分享自己的经历和视角，然后看对方会不会也敞开胸怀。

读者可以最近就实践这个建议，因为这是一种非常有效的培养同理心的途径。当与他人对话时，一定确保自己能叫得上对方的名字来，保持微笑，鼓励对方，认真倾听，不要打断。一场对话不仅是简单的人际活动，还可能会成为通向令自己受益的紧密关系和心灵联结的桥梁！

> 如何受人喜欢？只需要认真倾听他人！
> 同理心是积极倾听的驱动力。

下次与自己的伴侣或好友对话时，可以尝试以上建议，也可以在工作场合运用它们，你会收到立竿见影的效果，为你们的会话营造耳目一新的氛围，或许还会加深你们之后的感情。

全情投入

另一个提升同理心的方法是全身心地换位思考，这并非易事，你需要有意识地克服自己不断走神的自然倾向，刻意使自己专注在对方身上。我们的自我意识会自然而执拗地关注自我，这会让注意力大部分时间也集中在自己身上，但还是可以对其加以引导，只要通过认真倾听和理解，有意识地走出自我、关注他人。虽然我们的诸多生活经历——从在银行排队到参加会议——都是以自我为中心完成的，但你仍然可以尝试转换思维，即便这样做并不容易，还会让人疲惫，但其给生活带来的变化是立竿见影的，读者可以多在日常生活中尝试，并注意倾听所带来的变化。比如，下次你去银行存款时，前面可能会排很长的队，你有些赶时间，轮到你时，不要顾不得看业务员便急匆匆地办理存款，更不要埋怨银行办事慢，然后将怨气转移到业务员身上。尝试微笑地向对方问好，并告诉对方自己并不介意排队，这样做会带来令人惊喜的效果，你的心情也会立马倍加舒畅。这就是为什么顾客至上的银行会向员工灌输这样的做法，银行这样做时，你便是其优质服务的受益者。

为什么同理心有如此巨大的力量？从心理学角度来说，同理心的重要性在于能够满足人们对于被认可的需求。在生理需求被满足之后，人们的心理需求也需要得到满足，所以渴望被理解、被认可、被认同以及被欣赏。因此，当你怀着同理心倾听他人时，你是在满足这个人被认可的心理需求，这便是同理心的作用所在。

提升自知与专注度

除了学习如何阅读表情、积极倾听和全情投入，我们还可以通过其他途径培养自己的同理心，包括提升自我认知、不做评判、保持自信，这些都是同理心的内容。

论坛剧场

"论坛剧场"是十分有效的培养自我认知、克制评判的方法，可以用在学校教育和培训课程中。[15]论坛剧场能够帮助我们利用自己的同理心来理解他人的角度，是一种能够让我们通过语言和表演来设身处地理解他人的方法。表演论坛剧场成本很低，收效却很高，其表现形式通常是简短的、提前写好台词的场景，描述一个冲突局面，最后以看似无法解开的僵局收场，不需要专业演员，只要有两个敢于表演的普通人就可以。一旦表演陷入僵局，观众便可以向表演者提问，以了解他们的体会和背景，并且向他们提出可以改变情节发展、打破僵局的方法。论坛剧场对学习者来说是很轻松的投入，无须亲自参加表演，但仍可以在其中起到重要作用，甚至还可以通过换位思考来改变一个人的行为。其表演的主题都来自现实生活，只是采用戏剧的形式启发大家就相关话题进行讨论。

正念

我们的右脑主导人际交往能力和同理心，通过练习正念和冥想，不加评判或超然物外地观察自己的思想和情绪，提升对当下的感知，能够激活右脑的技能。[16]这样能给大脑控制注意力和感受的区域带来显著的改变，不仅能够助我们提升注意力，还能够促进反思和放松，通过提升右脑的功能来激活我们的同理心。

如今，基于正念的冥想练习越来越受欢迎，其好处不胜枚举：可以提升我们的工作效率，改善心情，促进身心健康，缓解抑郁状态。

你我的日常状态——心不在焉

心不在焉即习惯性、自动化的心理状态，大脑在这种状态下会对一切信息信以为真，将信息与其时空背景剥离。当我们受到干扰、匆匆忙忙、左顾右盼或超负荷工作时，最容易陷入这种状态。[17]在人人都匆匆忙忙地追求多任务、超负荷工作的时代，我们更需要努力克服惯常的心不在焉状态，因为当一个人受到干扰或忙得目不暇接时，很难顾得上使用自己的同理心。

正念的力量

正念练习能够立马让你更加专注此时此刻，这是有效倾听的必备前提，还能促使你在与人互动、回应他人时更加用心。由于其对提升同理心的作用[18]，正念练习在今天的西方社会越来越普及，这点可以从诸多工作单位、学校以及出版物普及有关正念知识这一现象中看出，而且正念力正被纳入各类常规心理健康调节的方案中，所带来的益处之一便是培养人们的同理心。正念源于佛教的慈悲心传统，同理心便是慈悲心的重要方面之一[19]，这意味着，通过提升对当下的感知力，能够让我们更为深刻地体会他人的经历，并与之建立共情。

练习活在当下

练习活在当下的方法便是学习全神贯注自己此时此刻所做的事。选择做一件自己会百分百专注其上的事，无论这件事的性质是什么，可以是喝早茶，也可以是参加工作会议。其具体步骤为：

1. 当你着手做这件事时，让自己留心这件事的方方面面。

2. 利用片刻通过自己的触觉、视觉、听觉、嗅觉，甚至味觉来全面体会自己此时的经历。

a. 这件事让你有什么感觉？

b. 这件事所呈现的视觉是什么样的？

c. 做这件事时，有闻到什么气味、听到什么声音或在舌头上产生了什么味觉吗？

d. 当你专注做这件事时，自己在经历什么情绪？

e. 此时你的体内有什么生理变化？

f. 认真留意一下进入头脑的想法。你会发现自己的思想会从当下跳跃到其他事情上。

g. 温和地利用自我感知力将自己的思想带回当下的任务，每当思绪飞扬时，便可以尝试这样做。

_____

_____

_____

在工作中利用正念

在一个工作日内，大家可以把正念力运用到起床之后所要处理的方方面面。利用正念能够让你保持平和的心态和控制感，助你更有力地应对当天的所有任务，提升自己的工作效率。具体做法如下：

1. 你如何开始自己的一天？可以通过让自己慢下来、花时间吃早餐、与家人沟通、提升对当下的感知来让自己更专注，如果能在开始工作之前散散步就更好了。一日之计在于晨，在着手处理工作上的任务之前可以先让自己保持正念用心。

2. 在一天中按时做深呼吸，可以利用这样的手机应用或穿戴设备提醒自己深呼吸。通常情况下，我们根本不会有意识地提醒自己深呼吸让自己恢复精力和集中注意力。

3. 养成将工作"分段处理"的习惯。可以在精力充沛时专心做"烧脑"的工作，像写报告、做项目策划、准备PPT这些，完成后再处理单纯耗费精力的邮件。

4. 在回复邮件时更用心。先花几秒钟理一下思路再开始写邮件，内容要简短，专注陈述事实。一封体现正念用心的邮件意味着不给收件人带来太多阅读负担，不要一味地倾倒自己的想法。

5. 在工作中，你会有很多练习积极倾听的机会，让自己每次与人交流时都能够如此。如果要与人谈不易开口的话题，就提前定好时间，并用心地做好准备。

6. 你当然可以做非常简短的正念练习。哪怕只是利用一分钟专注自己的某种感官，也可以称为正念练习。无须闭上双眼，无须坐下来，灵活地设计安排自己练习正念的时间即可。在工作中面对太多压力时，哪怕片刻的正念练习都能让自己放松下来，让自己的神经系统平稳运行，消除面对压力时的逃避心态，充分调动自己的大脑，让自己能够做出理性回应，而非被动地被情绪控制。

7. 感恩。如果你不喜欢目前的工作却又无法辞掉，首先应该想下这份工作值得感恩的方面：这个工作有什么好的地方？我是不是应该因自己所赚的钱感到庆幸？哪怕你并不享受做这个工作，但也比完全没有收入好太多了。可能你不喜欢自己的主管，你在同事之中却有两个好朋友。可能你讨厌办公室权力斗争，但既然从中认识到了自己在工作中所不喜欢的方面，未来跳槽时便知道自己适合什么样的工作了。对这些积极方面表达感恩之后，你便可以更加明确地知道自己是要继续做下去还是另谋出路。

通向同理心的七个步骤

下面所介绍的是能够提升同理心的七个简单步骤，读者可以在下次会议，甚至下次与人对话时尝试，如果你能够记录自己的经历和体验，这些步骤会给你带来更明显的改变。

1. 你上次表达同理心是什么时候？

想一下自己表现出同理心的情况，可能当时你认真聆听了一个朋友或同事，或做出了充满善意的举动。

你当时有什么深刻体会和感受？比如，可能你当时心态很乐观，很专注，自己受到鼓舞所以表现出同理心。

还有可能你当时专注于积极倾听，为交流营造了非常好的气氛。

我如何能更好地表现同理心？提示：可以想一下飞机上戴氧气面罩与自我关照的例子，自己的哪些做法更利于表达同理心？

---

2. 回顾自己上次所经历的争辩。提示：想一下与你争辩的那个人（或者你）是不是有什么难言之隐，或是没有得到倾听。

是什么引发你们之间争辩的？为什么争辩会发生？提示：对于典型的引发争辩或让冲突升级的因素认识越深刻，你便越能够防止其发生。

有时，越是与我们关系近的人（比如配偶、伴侣或孩子），我们对其越是难以表示同理心，这是因为我们常常太执迷自己的需求、想法或感受。

3. 与人进行一次自己会充分倾听对方的交流，并预想下次可以进行这样沟通的机会。

提示：专注当下，把手机放到一边，向对方问发人思考的开放性问题，运用本章介绍的一些积极倾听技巧，试着在对方充分表达自己的想法之后再提出自己的看法（即便刚开始不容易做到）。

思考一下，什么时候可以有这样的对话机会。

有什么结果？你注意到什么了吗？

提示：记录自己的体验能够提升自己的感知力，并且对未来可以运用同理心的机会提高警觉。

_____

_____

_____

4. 让自己慢下来

给自己设定反思时间，在自己的日程中尽可能多地加入正念力练习。如果你在一天中忙到焦头烂额，自然无法对别人施以同理心。深入探索自己的同理心，如果不能尝试其他方法，也可以让自己安静地坐下来，深呼吸几次。读者可以在下次等地铁的时候尝试这样做，让自己不要漫不经心地就掏出手机来。

这样做有什么效果？自己对这一天有什么感受？有没有得到什么领悟？

_____

_____

_____

5. 提升自己阅读面部表情和肢体语言的能力

我们一般不会刻意这样做，但这样做却有非常大的好处。下次参加会议或与人讨论时，不妨认真观察别人的面部表情和肢体语言。这个过程中发生了什么？我有什么发现？

_____

_____

_____

问自己对于非语言信息的敏感程度。提示：留心别人的表情，观察对方的最初反应，这个反应是最无法掩饰的！

---

6. 弄清楚自己追求的结果

我们当然会关注自己的行为的结果，却可能忽略通向此结果的过程，导致自己关注的重点失之偏颇。比如，如果我追求的结果是和我丈夫在剧院共度良宵，那么"共度良宵"的起点应该是我们各自下班后相聚的时刻，但如果此时我的心态很被动消极，这当然会使自己变得焦躁不安、失去理智，进而影响整晚的气氛。我还可以改变自己所追求的结果，将注意力集中在对方身上。比如，我可以追求让我丈夫能够享受一个美好愉悦的夜晚。如果我能明确这个想法，并把它写下来，便更能够做出有利于达成这一目的的事。

提前规划自己将要参加的社交场合或工作会议。

对于这种场合，你期待有什么结果？提示：可以只是一个轻松愉悦的夜晚，也可以是更为丰富的结果，比如，想要动员大家参与某个活动。

思考一下，你希望对方对这个场合有何期待？提示：这个问题可能有些困难。但其实只要求你从对方的角度看问题。你可能既希望对方能够享受美好的夜晚，又能认识到在遇到困难、有所需求时可以向你求助。

接下来，思考自己如何能够利用自己的行为或同理心促成这些结果。提示：人们很容易就能感受到我们对他们的评价，因为我们会通过各种"微动作"将自己的看法表达出来。比如，我们可能在与他们对话时频繁地查邮件，当他们来我们的办公室时我们在打电话或是在他们讲话时我们将目光转移到别处。

---

7. 培养自己"慷慨美言"的能力

面对他人时表现出自己"与你同在"的态度，让对方与你共处后更加充满希望，更能够接受自己，而非感到身心疲惫。帮助他人更加珍视自我，看到对方的潜能，认识到他们最好的样子。如果没有同理心，这一点便是无稽之谈。因此，多多关注对方，多表达自己对对方正面的看法，多留意自己与对方的会话。这种改变可以先从与家人的互动开始，然后我们可以将其利用到工作场合中。

我如何迈出这样做的第一步？

_____

_____

_____

具体案例

接下来，我们通过了解约翰的人生来认识同理心。首先，我们要对约翰做一个简单的介绍，看一下他的生命历程。

关于约翰

约翰现在40岁出头，他本来是个工程师，现在是位经理，主要负责施行一家石油公司的与卫生与安全相关的规章制度。他工作努力上进，对于自己的职业生涯有很高的追求。他明确地知道，现在就是晋升公司高级职位的黄金时期，便在工作上投入大量时间。他已经建立了自己的小家庭，妻子专心在家照顾孩子们。约翰每天从郊区的家出发到市区上班。他在工作中思维缜密、思路清晰，做事有条不紊。他丰富的业余生活也令自己很满意：他定时运动，兴趣多样，交友广泛。他觉得，自己无论在工作中还是工作之外的社交场合都很受人欢迎。

最近，约翰正在研究领导和同事对他工作表现的反馈与评价。总体来说，他们给他的评价都非常正面。他常要求自己的团队高度专业、全心奉献、努力认真，然而，人们对他的同理心的评分却比较低，一些具体性的评价包括"他从来不认真倾听我们的看法"，"他想让我们加班加点，但我们看不出这有何意义"，"当我们犯错时，他丝毫不宽容"，"他绝不允许任何开小差的行为"以及"团队的表现其实不太令人满意"。

其实，约翰对这些评价并不感到意外，他早就隐约感觉自己对别人似乎没有同理心，他的妻子谈到他的倾听能力时也有类似评价。他通常认为，倾听别人、考虑员工的感受对于自己推进工作并无助益。对于那些在工作中不如他努力的人，他一向不太待见。他意识到自己的管理风格影响到了自己团队的表现，可能会对自己在公司的晋升造成阻碍，但他本身的表现十分优异，不出意外的话，应该很快就能顺利升职。

我们观察一下约翰一天的日程，思考他如何能够利用同理心让自己的表现更好。

约翰的一天

在工作日，约翰7点起床，然后坐公车或打车去上班。他早餐吃得很健康，包括一碗粥、新鲜水果和黑咖啡。今天他几乎全天都在和团队开会，只有中午一小段时间吃午餐。每个月他都有一个星期会出国与公司离岸项目的负责团队会面。他很享受自己的工作，通常情况下，每晚7点之前能够到家，在家中，他会和妻子共进晚餐，然后哄孩子们入睡。他身材保持得很好，身体也很健康，在业余时间会骑自行车或打网球。而今天，妻子本要向他诉说孩子们白天的情况，但他到家之后心情很不悦，便和妻子争吵了一番。他们最近类似的争吵越来越频繁，且两人都不愿解决他们之间的分歧。白天时，他仔细了解了公司领导和同事对他的评价和反馈，这些评价和反馈让他有些苦恼和困惑，因为他觉得每个人都应该更积极上进一些，虽然他偶尔唐突，但他认为自己总体上的沟通能力还是很出色的。

约翰确实热爱自己的工作，勤奋上进，时时都争取做到最好。

约翰到底怎么了？

约翰是典型的工程背景出身，升到高级职位时遇到了管理风格问题，像他这样的经理一般都高度理性，在做工作决策时非常理智，却常常缺少同理心，至少缺少表现同理心的技巧，而当他们处在管理职位上时，这个缺点便会被放大。在有些技术类岗位上这不太会构成问题，但每当涉及与人打交道的职位时，这个缺点就是问题了。我们在此要考虑多个要素：约翰的同理心技能可以进一步提升，但这首先需要他乐意做出改变，并且需要他投入时间。约翰可能会觉得，如果自己在工作上过度温和，会丢掉自己的威信。他当然能够认识到，自己可以通过提升同理心来改善团队的表现，从而让自己更有可能获得擢升。如果他不能有效地领导自己的团队，便无法晋升，而此时他让人感觉自己表现得不尽如人意。他要求自己的团队高度专业、精诚付出、勤奋努力无可厚非，但如果他的领导方式恰当的话，他的部下会自愿在工作上付出更多时间和精力。他可能永远不能完完全全地设身处地为自己的员工着想，不过，他可以利用自己出众的逻辑思维来弄明白员工为什么对自己有如此看法，并依之调整自己的风格。

有一天，约翰观看了一个让自己内心更强大的辩论，他对其兴致浓郁，因为他很认同其中提到的人人都应该学会自立的看法，于是他决定专注提升自己的同理心。半年之后，我们再看约翰的一天的状态吧！

约翰的人生转变

约翰曾经与妻子频繁争吵，在工作上也收到了对自己较为负面的评价，这让约翰决心做出改变。首先，他准备了一个日记本，记录自己在工作中可能导致团队表现下降的与人的互动方式。比如，当他问一个同事"尼日利亚油田的质量标准什么时候会得到完善"时，这位同事告诉他，由于负责该项目的一位团队成员不幸生病了，完善时间可能会被略微推后，这让约翰有些懊恼，脸上立刻浮现出不悦，但他很快发现自己的这一变化，于是刻意让自己温和下来。他还雇了一位培训师，向其咨询如何更好地应对这种情况。培训师建议他在做出反应之前先就情况问自己几个问题，这样能够让自己理解问题的本质，弄清楚到底是缺少资源还是团队成员的问题，或者是不是他们此前不太敢向他报告有人生病这个情况。这使约翰意识到，让这项任务按时完成是他的责任，而团队本来有足够多的资源能够按期完成。

于是，约翰便开始练习积极思考。他知道，自己回家后的前10分钟是至关重要的一段时间，能够决定整个晚上自己与妻子互动的气氛。刚开始他很难特别注意这10分钟，但他通过自己的逻辑理性，认识到自己本能的"倾听"方式的缺陷，于是就做出了一些细微的改变，比如向妻子问更多问题以了解她当天过得怎么样。他还学会了克制自己贸然表达自己判断的习惯。在工作中，约翰还认识到，由于自己同理心的缺失，人们对他的态度变得很消极，了解到这点后，他很震惊，但这也提醒了他并激励他提升自我认知，他现在在回应他人时会更加审慎。通过积极倾听，他的个人关系得到了大幅改善，于是，他在工作场合中也开始努力运用相关技能。

现在，约翰还会更加关注结果，并且会思考如何通过提升对自己行为的认知来确保实现自己预期的结果。严厉批评自己的团队成员并不能打造积极、高效的团队，当约翰利用理性思维时，这一点其实是不言自明的。他的团队成员其实本来对工作很被动，而现在他们才真正感受到自己是团队的重要一分子。约翰现在不只部署工作，还会向部下解释各项工作的性质和目的，甚至会主动了解部下的观点，这让他们感受到自己得到了倾听，约翰自己也收获了更全面的看法，哪怕他在做决定时未必会依照这些看法。

也许约翰很难成为一个具有高度同理心的人，但通过运用自己擅长的理性，他认识到同理心并非"矫情"或"没有主见"，而是自己在今后要学习的能力。他还发现，自己的行为会出乎意料地给别人造成很大的影响，这个影响是积极的还是消极的要看他的处事方式。如今，他的人际关系更和谐了，这也促使他在职业上进一步发展。最重要的是，他发现自己能不能擢升到更高层的职位取决于自己是否有同理心。

与人共情、表达同理心并非"软弱"，也不是简单地向人施以同情。同理心能够帮助我们培养积极和谐的同事关系和私人关系。这些重要关系不只是我们的竞争优势和个人资产，还能够提升我们的幸福感。由于我们通常本能而执拗地更关注自己，所以同理心是别具挑战的一项能力。

第 4 章

正直

一个正直的人的一切都经得住检验，一个不正直的人经不住任何检验。

——艾伦·辛普森

我们常听到"正直"这个词，但一般不会考虑其中的内涵是什么。如果请你来定义"正直"，你会怎么说？

"正直"的英文词"integrity"来自拉丁语中的形容词"integer"，其意思是"完整的"或"完成的"。[1]从这个意义上来说，正直便是内在的"完整性"，而这个"完整性"是由言行一致、表里如一表现出来的。所以，我们可以根据一个人是否依照自己所奉承的价值、信念和准则为人处世来判断此人是否正直。然而，人们为人处世的方式不也是由自己的价值、信念和准则所决定的吗？

在写作本书的第一版时，有关"正直"的这一章对我来说是非常难写的一部分。不仅如此，我们还注意到，对参加我们体验式学习工作坊的学员来说，正直也是最难理解和意会的概念。其原因在于，正直的定义因人而异，不同人的理解差别巨大。你所奉承的价值和准则未必我也认同。正直就像一个道德指南针，其指针始终指向你的价值和信条，使你在为人处世中有所依据。正直很大程度上指的是一个人的品格，即在没有人关注时这个人的所作所为，这在很大程度上是由我们心中的价值判断和对行为方式的选择共同决定的。那么具体来说，"正直"指的是像言出必行这样的小事，还是像不篡改自己的花销报账，或挺身为一项道德议题辩护这样的大事？或者篡改花销报账只是小问题？言而无信就是大问题？对道德议题的看法其实不也是众说纷纭的吗？

什么是正直？

正直可以简单定义为"表里如一"，即言语、行动、思想一致，用简单的话来说就是"说到做到"。

我们先来探讨一下"准则"和"价值"的区别，人们常常将二者混淆，因为二者指的都是我们每个人所奉行的"做人规矩"。准则是一套社会共同期望的行为，所以这套行为是集体的价值，其内容包括公平、公正、进取、诚实、慈悲等。不同社会或文化可能会奉承不同的准则。前不久，我在阿尔及利亚工作时对此深有体会：在主持有关沟通技巧和个人发展的培训工作坊时我了解到，在阿尔及利亚文化中，致歉是一项重要准则，关系到个人名誉。我们其中一位参训人员向我吐露了自己的经历，他的姐姐曾经批评过他的行为，并拒绝向他道歉。这事发生在7年前。我向他解释道，原谅能够弥合二人的关系并且让他释怀，但他仍然拒绝原谅自己的姐姐。在阿尔及利亚文化中，很多情况都能使一个人的个人名誉受到损害，比如，阿尔及利亚人认为，拒绝答应帮助朋友会导致朋友个人名誉受损，所以他们会全力以赴地帮助朋友，不让对方，也不让自己丢面子。其他致使他人损失名誉的做法还有比如批评或侮辱他人，会让他人感到不舒服。如果自己使他人失去名誉，二人之间的关系便难以弥合了。此前我并不了解这一点，但我的阿尔及利亚培训学员将此奉为最重要的文化价值和准则。我不敢说这一定是正直的做法，但这个案例肯定能彰显准则的力量以及准则对人们的影响力。

思考一下

一个人的正直是通过行为体现出来的，所以，你当然可以表现得更为正直！

相比之下，价值观则是个人所奉承的主观上的理念、信条和品质，与客观准则和标准或许有出入。价值与个人对自由、安全感、权力、创造力和冒险等概念的看法有关，在一生中可能会随着时间而变化，不同人对价值观的阐释也会有所不同。比如，就"冒险"来说，有人看到这个词便会想到蹦极，有人会想到旅行，还有人想到铤而走险，而铤而走险当然有可能会带来消极的结果。

> 准则为我们立身处世提供了后盾，使我们能够保持平稳，还为我们带来了促进我们充分挖掘自己品格的潜在的价值追求。

价值观和准则都很重要，能够帮助我们认识自我。如果正直意味着忠于自我，有自己的道德原则，言出必行，那么自己所奉行的价值观和准则就会决定我们如何践行正直。

人们对正直所持的一些误解：

1. 正直就是诚实和口无遮拦。

2. 正直且完整的人生意味着生活平衡，面面俱到。

3. 正直是天生的禀性，无须投入行动，是一个人"天生的品质"。一个人要么正直，要么不正直。

当谈及正直时，我们有时会忽略始终如一、诚实守信、实事求是和在行动上精益求精等原则。

始终如一意味着无论在任何情况下都一如既往，这要求一个人不会口是心非，不因自己的心情、情绪和情感改变自己的做事原则。一个人需要通过不断地做出主动选择来践行自己始终如一的价值，比如，在参加会议之前，你可能与一个人争吵了一番，始终如一则意味着你需要让自己转换心境，淡忘之前的不愉快，不将情绪带入会议中，更不将怒气发泄在自己所遇到的其他人身上。

　　一个诚实守信、精益求精的人会刻意约束自己的行为。读者认为自己有多诚实和用心行事？自己是个善良的人吗？正直、善良与诚实之间有没有关联？自己有没有松懈过对于践行个人价值的要求？

　　当你秉持正直这一原则为人处世时，自己身边的人可以通过你的行动、言语、决策以及做事的方法与结果对此有所感触。当你始终如一时，你的品格也会与自己的事业、家庭生活和社会交往相得益彰。

锦囊妙计

言出必行

　　无论面对家人，还是面对员工、团队甚至自己，都应该履行自己的承诺。坚持不懈、脚踏实地地践行自己所说过的话。

　　生而为人，时时刻刻心怀正直并非易事，我们都会犯错，做事时都会受制于自己的情绪，这也说明了培养正直观念的重要性。自我意识能够让我们明辨是非，不为外力所挟持。

　　史蒂芬·卡特在其著作《正直》中，将"正直"视为三步践行的品格：鉴别是与非，践行自己认同的做法，勇于昭示自己是依个人所信奉之是非观行事。其中，"鉴别"指的是能够在是非之间做出道德选择，这当然并非正直这一品格的全部要求；第二步要求你将第一步中所做出的选择付诸行动，比如履行承诺；第三步则是要光明正大地践行原则。

　　美国联邦调查局的官方文件将"正直"定义为："在人生的各方面毫无例外地保持诚实。诚实是一个人为人处世的核心原则、深入骨髓的品格，不能靠金钱购买，不能索取自他人，也不能授予他人，不由个人的职位、头衔和岗位所决定。自我标榜的人反而常常缺少正直，正直是无声无息地践行于日常生活与工作中的，应被奉为生而为人的最高准则，比正派、名誉、信任和准则等还要崇高。"[2]

总之，正直既体现在我们私下里（旁人不在的情况下）所秉持的原则中，也体现在被外界所认可和标榜的行为中。

正直的必要性

正直不是主观而个人化的品质吗？归根结底不就是我们为人处世的做法吗？正直难道不可以被"假装"出来，或被人利用其名义恣意妄为吗？有可能。

正直是一种品质，如今已被很多人认为是过时的品质了。史蒂芬·柯维博士在其生前所接受的一次访谈中表示，多年前，人们所经历的全球经济危机让人更加谦卑，这是因为痛苦使人谦卑，进而使品格更加开放可塑。[3]他相信，在今天这个充满挑战、日新月异的世界中，以道德准则为指导的领导能力不可或缺，人们要明白道德权威和位阶权威的区别，道德权威来自对于道德原则矢志不渝的坚持，这些原则是普适且永恒的。领导力不可或缺的道德原则具体包括公平、求真、正直、慈悲和诚实，无论在工作场合，在家庭中，还是在社会上，这些原则都应该被毫无例外地践行。

正直地做人意味着：

1. 你对于正直的含义有着深刻独到的理解。我诚挚希望，读者在读完本章后能够形成自己对于正直的个人见解。

2. 你会用心反思自己的言语、行为、决定，使其与自我价值和信条相吻合。

3. 无论置身于何种境地，你都能保持真诚的自我。无论与外人共事，还是与家人或朋友相处，你都能让自己的行动、言语和做法相一致。

4. 你对自己对他人的影响有所认知。你清楚自己的言语和行为对他人可能造成有意或无意的影响。若是不慎冒犯或伤害他人，便能够真诚而谦卑地向其道歉，会怀着同理心与人为善，并且对他人对自己的反应有所认知。一个人固然无法决定他人如何看待自己，但还是能够主动努力塑造自己在他人心中的形象。

5. 你能够积极地发展自己的品格和一致性。这需要你用心地花时间提升自我，通过阅读、请教他人、聆听他人、参与领导力培养课程以及积极反思来不断地成长为更好的自己。

6. 让自己鼓舞人心。只要自己保持正直，他人便会靠近自己，并相信自己能够实践信条，言行一致。

正直的人能够：

◇ 保持真诚，将自己所奉承的价值贯注于生命之中。

◇ 保持始终如一。

◇ 实事求是地面对自己的感受和行为。

◇ 言出必行。

◇ 责无旁贷。

◇ 对他人心怀敬意，不欺不瞒。

◇ 积极聆听，理解他人的看法。

◇ 保持心胸宽广，从善如流，乐于分享自己的感觉。

◇ 抵制不轨图谋。

建议

金·凯瑞在其主演的电影《大话王》中所饰演的主角常常让自己的儿子失望。儿子在生日那天所许的愿望是希望爸爸能够一整天都不说谎，结果这个愿望成真了，男主角一天之内真的没有撒谎、误导或是掩藏事实。读者为何不尝试观察一下自己一天之内有多么诚实？至于善意的谎言算不算谎言，读者可自行定夺。

我们常会将正直与领导能力联系起来，因为正直意味着做出明智的决定，秉公任直。我们常常指责很多政客缺乏正直，而我认为，在迅速变化的世界中，一个人无论是不是领导者或政治家，秉持正直都至关重要。身处变革的洪流之中，正直是可以帮助我们坚持自我的砥柱。当然，一个人也能够以其缺乏正直、心口不一立身处世，但在这个高度透明、万事昭然又充满未知与改变的时代，自然是珍视可靠性、诚实与正直的人能够赢得他人的信任，使别人在需要帮助时能够有所依靠，可以向你吐露心声，并且向你回报以支持帮助和宝贵机遇。

思考一下

当我们面对压力时，自己的防备心便会升级，会惯于指责他人。在自己与别人有过节时，在发现工作中偷工减料的情况时，甚至有人在背后说自己坏话时，如果能够学会不猜忌他人，就会让自己的心态放松很多。你我可以做出的最高尚行为之一便是不随意猜忌指责他人，不妄下结论或是在证据不足的情况下就怀疑别人。

如果我们能做到主动选择信任他人，我们的人际关系会大幅改观，压力会随之减少。

为什么我们会忽视正直？密歇根大学终身教授加里·芬斯特马赫发现，像由马丁·路德·金博士所示范的正直品格在最近几十年中遭到了腐化，在现代社会中，很多领域的领导者都不能以身作则，无法彰显正义感、正直做派和光明正大，反而被傲慢、自私、自我标榜、权力欲这些负面品格所挟持，这些负面品格当然也是出于人性的品质，也就是说，正直光明与自私自利都在我们的能力范围之内。自私心是当我们的所作所为与正直背道而驰的时候所体现出来的，但自私自利是更容易的选择。举个简单的例子来说明：假设我本来约定和朋友一起外出，但发现自己可以参加其他更有趣的活动，或有更紧急的事需要处理，我便告诉朋友说身体不适，取消约定，并且我不是通过面对面对话，而是通过手机短信来告诉他取消约定的。这样做满足了我当下更强烈的愿望，做起来也许并不难，但我对于自己的欺瞒心知肚明，我可能会觉着不安，甚至责备自己。当我们的行为不符合心中的是非观念时，会导致我们内心烦乱。也许我们在白天能够告诉自己这样做没什么问题，但夜里可能会难以入眠。

锦囊妙计

思考一下为培养自己的正直所需的习惯和技能

你可能需要改掉自己的一些习惯（比如出言草率或粉饰自己的说法），还可以改进自己的一些其他做法：鼓起勇气（因为怯懦会让人不敢表现正义），或为避免对他人造成进一步伤害（而非为自己辩解）而立即致歉。

有时，我们不择手段做出的那些违背原则之举也许能给自己带来短期好处，但长远来看未必有任何好处，而它所服务的只是眼前利益，却会让自己失去长期成功所需的来自他人的帮助或信任。别人可能会因为你的自私对你失去信任，也不会在你遭遇挫折时伸出援手。我们一叶障目，惯于为自己的所作所为正名，却漠视了这些行为给自己带来的长远影响。

职场中的运用正直的实例

我答应在一场会议上做报告，因为当时我对这个会议很感兴趣。但临到会议日期时，我却取消了自己的报告，理由是"我太忙了"，我甚至可能根本不屑于履行自己的承诺，或可能转而去做自己觉得更感兴趣、报酬更丰厚的事情。对我来说，这似乎看起来无可厚非，但这样做可能会导致自己失去一次扩大人脉的机会，会议组织方还可能认识我的关键客户，某天客户可能从会议组织方口中了解到我的言而无信。如今发达的社交媒体增大了我们的曝光度，致使自己的举动可能造成更多负面涟漪效应。

一个人有可能既冷血无情又光明正直吗？

是的，一个领导者确实可能二者兼有。莎士比亚的历史剧《亨利五世》向我们诠释了一个道理，即做一个优秀的领导者所需要的品质未必与做一个好人所需要的品质相一致。亨利五世是一个伟大的领导者，他聪明、专注、富有领袖气质、鼓舞人心，会利用自己所掌握的一切资源来实现目标，为了实现抱负会不择手段。这部历史剧的主要情节发生在阿金库尔战役前后，亨利五世为了让英格兰免遭巨大的损失，表现得极为果决而无情，但他的果决无情与他为上帝所赋的法国王位而战，为忠于他的人民而战的使命感是相一致的。

一个人有可能既欺瞒又正直吗？

不太可能，因为正直深深地植根于品德和准则之中。史蒂芬·柯维表示，如果一个人不能坚守正直的道德原则，在面对人生的挑战时，便会被自私所挟持。确实有很多人虽然缺乏正直，却也领导有方，广受追捧，但如果我们透过表面的成功深入研究他们的人生，会发现在长期关系中，无论是与自己的副手的关系，还是浪漫关系，或是与子女的关系，他们难有成功。

正直在职场中的用途

不少企业都会将正直确立为自己的核心价值和服务宗旨中的重要内容。我们常常会读到一些表述，比如"我们坚守正直原则""正直是我们的立业之本"，这体现了企业对正直的重视。正直至关重要，但人们的理解常常有些偏颇，比如很多人会将正直简单定义为诚信。正直的人固然应该坚守诚信，但诚信却远不能代表正直的所有内涵。

> 正直可以被视为一个人在自己的所作所为中所体现的"能量"。

大多数公司的运营理念或多或少地包含"正直"，但并不是所有公司都会如此。根据厄内斯特·休吉和道格·帕克所撰的《最好的公司最具正直感》一文，企业所坚守的正直包括以下两方面[4]：

1. 对员工真诚开放。 比如，向员工公开信息，对其说明"为什么某人被辞退或得到晋升了"，直言不讳地向他们通报公司的绩效，不掩饰坏消息。

2. 坚守原则。 企业的作为与其经营宗旨相符合，对于原则不妥协。

> 认真地履行自己的承诺，便可以为自己在他人心中树立信任，提高可靠度。

跟读者分享一些在职场中符合正直原则的做法：

◇ 保持真诚，与人沟通时不要只说对方乐意听的话。

◇ 真挚诚实，不矫揉造作。

◇ 坚守承诺，说到做到，不做不去实践的承诺。

◇ 始终如一。

◇ 高度投入、坚实可靠，如果承诺"我下周四完成报告"，就要确保自己能够完成。

◇ 诚恳直接，不玩弄权术、利用他人，使其为自己不诚的动机服务。

你会在自己的职场中多大程度上坚守以上这些正直原则？

_____

_____

_____

我们可能对于自己所知道的，甚至所工作过的机构的不正直情况有所掌握，但必须明白，一个机构正直与否，归根结底取决于机构内的个人行为。这也说明，哪怕你周围的人都无视正直，你也要能够坚守正直的原则。再次回顾上面所列的这些行为，反思自己会在多大程度上将其贯彻于自己的工作中。"匿名戒酒会"有个说法叫"让自己这边的街道保持干净"，意思是，即便有人惹恼你或为人不正，而你只要做好自己，使自己不被其左右就好。你只需要为自己的行为负责，确保自己诚实守信，哪怕周围的人缺乏正直的表现令你失望。

正直是一种体现在行为中的品质，一个人的行为是否正直，言行是否一致，决定别人对他是否信任，也会影响自己做事的成效。

> **正直需要认真地实践于行动之中。**

思考一下

一家企业的员工在日常工作中每时每刻都会表现自己正直与否。例如，约翰是一个软件工程师，他正忙于编写一个能够优化某个进程的代码，他使用的方法没有像自己所预期的那样起效，并且还遇到了别的问题。他没有临时拼凑一个残缺的解决之道让自己的工作得过且过，而是选择了求助自己的团队，向他们解释自己陷入了困局。他清楚地知道，这类困局会在未来给团队所开发的这个产品增加更高级功能时造成瓶颈。

他的团队商量并找到了问题的解决之道，约翰删除了自己的代码，并依照团队所达成的解决方案写了新代码，今后他的团队可以很容易地基于新代码扩展产品的功能。

正直在职场中的作用的案例研究

一项研究发现：酒店经理的"行为正直度评价"每提升0.125分，酒店营收就会提升2.4个百分点。而"正直"其实指的都是一些行为细节，比如践行承诺、实行所做的安排、做事有头有尾等。

参与此研究的康奈尔大学助理教授托尼·西蒙表示，正直并不是指奉行高尚的原则，而是让自己的言语和行动能够一致。既然如此，那么答应赴会却迟到难道不是违背这一标准的吗？与人交流时三心二意难道不正说明自己根本不重视对方吗？三心二意会给人传达一种毫不尊重对方的印象，说明对方不如自己重要。也许事实确实如此，但如果对方在自己心目中也很重要，我们就应该约束自己的行为。

思考一下

正直是一种被很多雇主热捧的品质，但雇主也应在其工作中表现出此品质，大至重要决策，小至待人接物的方式，一家企业的方方面面都能表现出自己正直与否。在今天网络高度互联的时代，我们要与来自众多文化背景的人合作共事，更要坚守正直这一原则。

一些雇主会在招聘时利用正直程度测试，来测验应聘者的诚实、可信、可靠的程度。如果一个人的正直程度较低，就可能会做出偷窃、施暴、暗中破坏等行为，还会出现纪律问题，比如旷工。

正直的本质可以归纳为三点：对自己真诚，对他人真诚，言出必行。保持真诚需要我们有高度的自我认知，明确自己在人生中的追求，了解自己，明白自己的优缺点所在，为人处世践行自己的价值观。高度的自知还要求做事之前多加思考，即便这并非我们大多数人的习惯。

履行承诺能为我们树立信任，最好永远不要背弃自己的诺言。而现实是，无处不在的科技、繁忙的现代生活常常令我们很难从一而终地说到做到。

在职场中表现正直，首先要做到诚实、得体、可信，这些品质不但对于自己长远的职业发展有促进作用，还能通过影响身边的同事改变当下的职场氛围。如果一个人不够诚实或不能俘获信任，自然很难得以擢升。假如你的同事、员工、客户对你没有信任，或你对他人没有尊重，你的工作将会举步维艰。并且，一个人处的职位越高，越要坚守这些原则。

每当论及职场品德时，人们会将正直与"负责"这个词联系起来。"负责"意味着以自己的名誉担保自己言论的可靠性。在工作中总有人依靠我们，我们对此应该了然于胸，但21世纪的职场现实使"负责"成为令人望而生畏的任务。在昔日的职场中，自己被托付的责任清晰明了，只需要参考既定的框架或步骤就好。今天的职场却不然，我们所承担的任务有时充满变数，需要我们自己来创造框架、开拓步骤、选取方法来达成目标。这便要求一个负责的人要积极主动、勇于承担，为工作任务的成果负责，如果处在领导者的角色上，还要负责组织团队成员参与进来，既要他们感受到你的关照，又要看到你以身作则的领导作风。

建议

合理地管理时间

利用全新的时间管理方法：抛弃你的待办事项清单，转而在日历上进行项目进度追踪并设立截止日期；不要提前安排太多事项（比如，千万不要奢望将12个小时才能完成的内容只安排8小时来完成）；合理地预估所需时间（大多数任务所需的时间常比我们预估的要多）；让自己慢下来，用心规划自己的每一周，甚至每一天。最后，记得每天早起！

> 如果想在自己的职场中营造正直的氛围，首先要从自己做起。

培养正直所要面对的挑战

有人说，一个人正直与否，与自己的出身教养有巨大关系。这毋庸置疑，不过我们还得强调，正直是一套指引我们行为的内在价值体系，会通过我们各种人生选择体现出来。在早期，教养当然会在一定程度上塑造我们的观念，但外部的力量无法决定我们是否能够为人正直。一些因素对于我们表现正直有促进或抑制作用，比如，一个缺乏自尊、没有朋友又穷困潦倒的人更难为人正直。具有高度自尊、广结善缘、生活稳定的人可能更倾向于为人正直。然而，总体来说，正直体现在我们日常生活中所做的选择上。

给表现正直带来阻碍的因素包括上面所提到的人格特质——贪欲、

自利和权力欲，这些特质当然也会影响我们的所作所为。比如，我是不是应该付给管道修理师傅现金？因为这样他便可以少收我的钱了，而他所需要缴纳的收入所得税也就降低了，甚至可以不报税了。我并不是在参与恶劣的税务欺诈，而且其他人也会这样做，这是不是意味着我这样做无可厚非？如果我特别渴望一个东西，那么我是不是可以不择手段追求这个东西？如果我周围的人都行为不端，那么对我来说坚守正直有多难？

坚守正直的人生能够经受住考验。我们有时会出于自己的私心，或是迫于外界压力而背弃自己的道义，而其后我们的表现也能够说明自己践行正直的能力，比如，我们可以认识到什么触发了我们在压力下的反应，进而提升自己应对压力的认识，也可以诚实地面对不适之举，及时向自己所伤害的人道歉并纠正自己的行为。在压力之下，我们的举动会非常容易受到影响，也许坚守正直并不容易，看起来我们好像别无选择。

像偷窃、欺骗、伤人这样有悖于正直的行为，如果也是犯过者所故意做出的选择的话，那么这些选择背后便有为其正名的动机，比如，我们之所以欺骗，可能是因为"只要不被发现就没问题"，或"其他人也在欺骗，我只是从众而行而已"。

建议

将自己一天的行为记录在日记中，留意我们为自己的举动辩解时所给出的理由，将这些理由记录下来。这项练习的目的是让我们更深刻地认识到我们为自己的举动所辩解的理由。

_____

_____

_____

高速的生活节奏和追求私利的欲望会成为我们践行正直的障碍。有些有悖正直的做法可能已经被"常态化"了，比如临近会前取消会议（甚至强行取消）。当我们名正言顺地为这些小举动正名时，那么做出更大的恶行便可能也不在话下了。我们如今比过去更加忙碌了，需要应付各类需求，履行各种义务，赶各种进度，使践行承诺更加困难。

《圣经》上讲："人在最小的事上忠心，在大事上也忠心。"意思是说，我们做小事的态度会决定做大事的态度。其实我们都会以细节评判他人，比如，当我的女儿第一次约会时，我告诉她，她的约会对象在用餐时的细节表现（比如对待服务员的方式和餐桌礼仪）能够毫无保留地展示这个人的所有背景——我相信很多家长会像我这样做。

如果一个人随波逐流，轻易被风气、常态或身边的氛围所诱导，也会很难坚守正直。比如，假设在你的工作单位中虚报开支是普遍现象，人们并不会对其大惊小怪，如果你是个易受他人影响的人，那么可能也不会排斥这样做，并且以"其他人也这样"为理由给自己开脱。而假如你坚信这个做法是错的，依照自己的信念，便会拒绝背弃诚信。我们需要这样能够坚守正直的道德榜样。

如何提升正直程度

我认为要从小事做起，在细节上的表现很能揭示一个人的品格。正直最基本的要求是能够明辨是非，这便是我们所说的"良知"。有人能够为自己所有的作为正名，一个人心中视为恶的东西，另外一个人可能认为无可厚非，每个人都有自己的道德指南针。简单来说，正直便是要做践行自己所说的话，不欺不瞒，诚实守信，即便在没有监视、关注或认可的情况下，也坚持按照自己的价值判断做事。

> 不要放过细节。

　　微小的举动也可以完全体现一个人正直与否。赴约迟到、不依照承诺回复电话或邮件、随时更改计划、不按时完成项目都会表现在日常的琐事中，有人认为都是小事，不必小题大做，但并非如此。如果我是个诚实正直的人，我会告诉自己绝对不可以迟到、临时取消约定或因为自己的误判便自行拖延截止期限。这些举动做起来不难，我们都做过，谁也逃脱不了，而坚守正直的一个途径，便是努力杜绝这样的做法。

　　人们可能会对你的说辞持怀疑态度，但绝不会质疑你的所作所为。

——无名氏

思考一下

　　一个人在开车时对待陌生人的态度、对愤怒情绪的处理方式和是否足够谦让，都能充分说明这个人的修养。也许你会觉着开车匀速、主动让路的人只是不赶时间而已，但在开车时如果能够考虑其他人的感受，照顾他人的需求，也是正直的体现，我们开车时都应该努力做到这一点。

　　如今大家对于不考虑他人感受临时修改日程的行为已经见怪不怪了，越来越多的约定或会议会在临到关头时通过一通电话、一条短信或者一封邮件就宣布改期或是取消。如果你不是主动爽约的人，就有可能是被放鸽子的人，造成这种风气的部分原因是这样做太容易了，现代人的生活方式和对科技的依赖都为之提供了便利，我们所看重的多任务工作还为这类行径提供了借口。社交媒体与智能手机共同引发了"多元时间模式行为"[5]，如今已经有至少两代人在其成长过程中被灌输了这类态度，而按部就班地做事已然成为过时的做法。现在很多人的智能手机是全天开机的，会不断地通过推送通知告诉我们其他人做了什么或说了什么，从而把我们自己的节奏完全打乱了，这更让我们难以专注，转而在日常的各种任务之间转来换去，应接不暇。

思考练习

? 你最近有取消过会议或约定，或是本来报名参加某个活动却又改变主意了吗？

_____

_____

_____

? 当你要改变计划时，你如何告知其他人？是通过发短信或微信这样的方式，还是通过电子邮件、打电话？（大多数人都会通过电子邮件或者短信。）

_____

_____

_____

? 你对用智能手机有约束吗？会不会有时关机？当你在家放松、看电影时，会不会把手机关掉？

_____

_____

_____

> 一边发短信、写邮件、看电影，一边在社交媒体上发布内容，可不是多任务工作！

放弃多任务

只有当以下两项条件得以满足时，我们才有可能真正地多任务工作：

1. 我们对其中某项任务已经熟谙于心了，几乎可以自动完成，并不需要任何思考，集中注意力，比如吃饭、走路，甚至休闲式阅读。

2. 所执行的各类任务需要大脑不同的认知功能。一个经典的例子是一边读书，一边听古典音乐，前者需要理解，而后者则需要截然不同的大脑功能。

当你利用大脑同一块区域处理来自笔记本电脑、平板电脑和手机上的信息时，你大脑的存储和处理信息的功能会大大减弱，你集中精力的能力也会相应退化，致使更多来自四面八方的信息干扰你的思维，从而影响你的行为和待人接物的方式。

锦囊妙计

在做出承诺之前，不妨谨慎思考一下自己是不是能够百分之百地履行承诺。

这和正直有什么关系？因为现在大家对于临时取消约定、改变安排、三心二意已经习以为常了，而如果你能够言行一致、信守承诺、拥有极强的时间观念，便会令人刮目相看。如今，我们的诸多举动都发生在众目睽睽之下，更需要以正直作为自己的指南针，以正直来指引自己的待人接物的方式。现在生活的方方面面都在经历巨大的变化，而我们可以凭借对于所奉的原则、价值的坚守和诚挚可靠的为人，为自己在巨变中建设一个心灵港湾。

正直能够激发和创造信任，缺乏正直则给人带来负面影响，损害尊重和信任，道理十分简单！

建议

认真倾听，减少多任务

让自己学会专注地、积极地、心怀善意地倾听他人。把干扰置于一旁，减少利用电子设备进行多任务工作，聚精会神地关注他人，你的沟通能力会大幅提升，并且不会因为准备不足而临时取消安排。多多考虑和关照他人的感受，在拿起手机通知别人取消约定前再三考量。

> 做自己的中流砥柱。

　　在充满变化的时代中，一个人的正直应该是能够经得住风吹雨打的品质，这项品质应该常伴你我左右。另外，要提醒大家的是，如果你能够坚守原则地为人处世，明辨是非，你也会活得更快乐、更自在。

思考练习

? 你所搭的出租车的司机在把你送到目的地后给你开了一张空白发票，你可以将自己的花费报销，收回自己垫付的金额，这时你会如实报账吗？

_____

_____

_____

? 你在倒车时，把车倒进了一个非常狭窄的停车位，使自己的车剐到了另外一辆车，你会留个字条负起责任吗？

_____

_____

_____

? 你在购物结账时，营业员找零时多找给了你一些钱，你会如实退回吗？

_____

_____

_____

一个人可以提升正直程度吗？当然可以！正直是通过自己的行为选择体现的，你可以通过多种方式来提升自己的正直程度，比如，你可以让自己负起责任来，履行承诺，说到做到。一个人是通过自己所做的一个个决定来塑造自我的，也就是说，无论是生活中的一点一滴，还是各类人生抉择，都能体现一个人正直与否。

> 根据一个人的行动来评价一个人，你便不会被此人的言语所蒙骗。
>
> ——无名氏

正直体现的是一个人的品格，品格可以得以提升吗？当然可以。保持言行一致、诚实可信、践行承诺便是提升品格的开端。我们都应该树立明确的观念，维护正义事业，不见风使舵。读者可以思考一下自己所奉行的价值准则，想一下其源头何在，有些可能来自你的家庭教养和社会环境，但你未必真正会一直认同这些价值和准则，所以首先要了解自己。如果你不了解自己的价值观、优缺点、行为动机和应肩负的责任，你如何能坚守自我？如何"将自己这边的街道保持干净"？当你看到别人做出负面举动时，大可不必模仿对方，这个选择权是把握在你手里的。

我推荐读者花片刻时间做一个练习来了解自己的价值观，这个练习是我们工作坊中大家参与热情最高的练习之一。

在你的工作中，你具体负责什么样的任务？这些任务与自己的价值观和信条相吻合吗？如果答案是否定的，那么你的工作环境也许不适合你自己。在你的个人生活中，你的浪漫关系是什么样子的？这个关系是让你更强大、更出色，还是阻碍了你的进步？这些问题也和正直相关，因为如果你的工作与生活和自己的内在价值观相符，你便更能坚守正直。

通向正直的七个步骤

下面是一些能够帮助自己提升正直的简易方法，读者可以将自己的行为、体验和这些方法的成效记录下来。

1. 明确自己的价值观

一个人应该有明确的价值观，即自己特别重视的观念。首先，可以试着将其列出来，所列的内容不限，可以写"重视结果""创造力""耐心""尊重"等。如果读者不知如何着手的话，可以认真思考一下令自己愉悦、愤怒、难过、兴奋、厌倦的行为，然后总结这些行为体现的背后价值。

比如说，一个与你共事的人不够专注，常常三心二意，一边工作一边浏览网页或接电话。这会令你很不悦，因为你是一个重视团队合作和工作成果的人，或是你的伴侣提前回到家了，出乎意料地告诉你要带你外出用餐，这可能会让你有些苦恼，因为你重视"可预料性"，但也可能让你很高兴，因为你喜欢随机应变。

另外一种鉴定自己价值观的方法是，想一下自己心中的偶像是谁，然后写出自己喜欢他们的缘由，你很快就会发现这些人所体现的共同点，这便是你的价值观。你还可以回顾自己曾经觉得功成名就的时刻，当时你的感受是什么样的？如果你可以回忆起那些感受，便能够确定其所代表的自己的价值。同样，你还可以回顾自己曾经感觉很愤怒或挫败的时刻，根据当时的感受确定自己的价值。

一旦你能够列出一份描述自己价值观的清单，便可以对其归纳总结：这些价值观在你的生活中是如何体现出来的？什么时候会被压制？

你在自己的工作和日常生活中有没有表现出这些价值观？如果没有，你便可以勉励自己做得更好，比如可以在做决定时让自己的决定能够彰显自己的价值观。举例来说，如果你重视"竞争"，便可以在工作中努力表现得更出色，也可以多参加团队运动。如果爱与关怀是你的价值观，便可以想一下如何在自己的浪漫关系或家庭生活中表现出爱与关怀。

每个星期天，我都会坐下来安排下一周的计划，不光是要安排日程，还会思考每一项活动如何能够彰显自己的价值观。比如，我特别看重保持工作与生活的平衡，所以我安排日程的时候就会特别注意这一点，避免使自己因为工作和赶时间而忽视家人。同时，我仍然需要按期完成自己的各项工作，只是我不想因此就不做巧克力蛋糕了！

2. 担负起自己的责任

当工作进展顺利时，将功劳归于自身很容易，但如果工作进展不顺，肩负起责任并非易事。一个具有高度责任心的人在任何时候都不会推脱。当你承担一个项目时，就要百分之百对其负责——不能只负部分责任，要百分之百负责，无论成果如何。

首先要在各方面培养自己的责任心。信守承诺、说到做到、敢于承担、坚持到底。努力养成这些习惯，责任心就会成为你的固有品质，你所有的人际关系——不管是私人的还是职场上的——都能够受益，使你的个人生活与工作环境更为和谐。从小事做起，表现自己的责任心和主人翁精神。我们每个人都能够把自己的人生和职业生涯掌控在自己手中，越是及早认识到这一点，就越能活出自己的样子，要对自己的人生义不容辞地负起责任来（参考有关"主动性"的一章）。

思考一下自己可以在接下来的几个星期内担负的任务或项目，按照自己设定的规划将其完成。

_____

_____

_____

3. 如果你迫不得已要放弃履行自己的承诺，正直真诚地告诉其他人

如果你必须放弃自己所做出的承诺，一定要坦率地表达出来，表明自己所遇到的问题，倾听他人的看法，参考他们的意见，与对方在此问题上达成一致或找到全新的解决方案。使用手机告知对方自己要取消承诺合适吗？不太合适。如果不能面对面地与对方沟通，你很难体现出自己的真诚和正直，极容易造成误解。

下次不得不取消安排或改变计划时，一定要面对面地告知相关人员这一点，若不能直接见面，也可以打电话。

---

4. 敢于承担后果

敢于承担后果与敢于负起责任是相辅相成的。当你对后果责无旁贷时，便不会为自己寻找借口，不会归咎于他人、推脱责任，在遇到由自己的疏忽造成的问题时就不会诿罪于人。当别人不要求你负责，或没有人发现你的问题时，你还会坚守责任吗？一定要！做好自己的"责任验收官"，确保自己尽职尽责。在人生的漫漫长路上，一定要时时对自己负责。

回顾一下自己在工作中和生活中所承担的项目或任务，思考可以通过什么方法保证自己能够尽职尽责。

---

5. 从自己做起

如果在家庭关系或在工作上发生矛盾或遇到问题，首先要检视自己，问自己四个问题：

? 这是一个什么问题？

_____

_____

_____

? 我自己的哪些作为或疏忽可能引发了这个问题？

_____

_____

_____

? 我可以如何改进自己的做法来解决此问题？

_____

_____

_____

? 我如何能肩负起问题的责任？

_____

_____

_____

6. 始终如一

坚持自己的原则，始终如一，貌似会让自己成为一个看起来很"执拗"的人，但在今天这个充满未知、瞬息万变、人人争分夺秒的世界中，坚守原则、抱诚守真绝对是优秀的品质，也是正直的表现，我们都应将其运用在自己的所有行动中。

? 下次我有什么机会表现自己的一贯性和可靠性？

_____

_____

_____

7. 调整期待

无论对自己还是对别人，都应该抱持合理的期望值。自我成长的最直接路径便是明确自己身上可肩负的期待，包括自我期待和别人对自己的期待。为此，你可以提出问题、达成共识、明确期待，否则会因为不能满足期望而令自己或他人失望。一定要明确地认识自己所肩负的期待。

思考自己正在负责的项目或即将承担的任务，在完成这个项目或任务的过程中自己应该满足什么期待？

? 我可以通过问哪些问题来明确地认识这些期待？

_____

_____

_____

具体案例

我们通过莎伦的人生经历来认识正直这项品质。首先通过她的个人简介来认识莎伦其人。

关于莎伦

莎伦如今45岁左右，有两个正在读小学的孩子，她丈夫是全职工作，而她则是非固定组合式职业，为一些重点客户提供市场营销和公共关系服务。工作上的压力常常令她忙到不可开交，要参加各种会议，承担各种任务，很难有喘息之机。她做这样的工作很在行，但由于要应对太多方面，有时无法按期完成自己的任务。她的客户很信任她的能力和态度，所以时常允许她将期限延后，她也意识到了自己过度承诺却履行得不够好这一问题。由于自己忙碌的工作，她还常常错过一些聚会，除此之外，她还愧疚自己没有扮演好妈妈这一角色，最近她才主动将自己的一些工作交给同事，以此来减轻自己的压力。

我们看一下莎伦一天中的生活，探讨她如何通过正直来做得更好。

莎伦的一天

莎伦早上起得很早，起床后会帮助孩子们整理，然后送他们上学。在学校门口，她与其他孩子的妈妈简单寒暄了下便匆忙赶往地铁站了。她把车停在地铁站附近，但由于停的地方不对，收到了一张罚单，因此耽误了一场会议。她在地铁站查了下邮件，当她匆匆忙忙赶到迟到的会议现场时，借口说地铁晚点了。这是一场关于新项目的会议，莎伦要主持本次会议，他们在会上确定了各自的角色和责任，虽然并未将其明确记录在案，但莎伦相信他们能够顺利完成这个项目。当她的同事们还在继续规划日程时，她自己却提前溜出了会议室。在去学校接孩子的路上，她觉得自己有点头痛，有些不舒服，于是便取消了原定与朋友的聚会。她匆忙把孩子带到家，给他们做了饭，由于她自己没吃午饭，所以等孩子们吃好后再吃他们剩下的，然后给丈夫热了一份外卖等他回家，同时让两个孩子去看电视。晚上6点钟时，她开了一瓶红酒，一次喝了半瓶，当然，今天她忙得焦头烂额，喝酒放松一下也无可厚非。她心里希望丈夫能够更多地参与家务却从未主动在他面前提过，而当他回家后，莎伦已经累到没有力气跟他讲话了。安排孩子们上床后，她便看电视让自己放松，看到很晚才去睡觉，睡眠质量非常不佳。

莎伦到底怎么了？

很多有工作的妈妈都要安排和照顾方方面面，莎伦是其中的典型。她的一些做法——赴会迟到和取消与朋友的聚会——也许有其正当理由，毕竟今天人人都在匆匆忙忙，但她的处理方法仍然不甚理想。

在这种繁忙的生活中，莎伦的各种人际关系进展得不太顺利。她的工作关系正在被她的不可靠性损害，她与同事之间出现了裂痕。由于预期成果不明确，他们所承担的新项目也深藏隐患。她的朋友们本来可以是她能够依靠的人脉，但由于她总是临时取消安排，他们之间的关系也在走下坡路。对于她的孩子们，她并没有花时间悉心与他们相处。并且，她其实也在忽视自己的真正需求。

那么，莎伦如何可以通过正直来改善自己的生活呢？首先她可以提升自知力，对自己所做的各种承诺都努力践行。她应该明确自己的价值观和自己所重视的方面，然后从这些角度来检视自己的人生，这样她便可以更有掌控感，能够做出一些适当的改变。同时，通过提升自己的正直心，她还能够肩负起责任来，可以合理地调整自己的时间规划。

如果莎伦能够将一些正直原则付诸实践，她的人生会发生什么样的改变？我们看6个月后会发生什么！

莎伦的人生改变

如今莎伦的生活变得有条不紊了，整个人也比以前更加快乐。她先是花了些时间搞清楚自己人生中最重要的方面，包括她的家人，使她乐在其中又回报丰厚的工作，兴趣爱好，安全感和娱乐。这让她认识到，自己在此前的人生中并没有实现自己的价值，于是便开始反思自己失当的习惯和安排是怎样给自己造成压力的。

莎伦还决定与自己的丈夫进行一场坦诚的讨论，共同探讨如何提升他们的关系以及分担照顾孩子的义务，她丈夫欣然答应。最终，莎伦在一周内就有两天不用再打点孩子们上学或早回家做晚饭了。她便用这些空出来的时间规划接下来的安排和回复邮件，有时还能去游泳或做美容。

莎伦还召集她的同事一同商讨如何妥善地分配团队中的角色和合理执行各项程序。她从容地肩负起项目的总责任，她明确地知道，既然自己有一个团队，她的主要任务便是领导和管理这支团队，实际上，对于全新的、明确的角色，她非常享受。

她还意识到，随意取消或改变与朋友的聚会安排或者推延项目截止日期，对于自己的工作效能和人际关系十分不利。她当然重视她的交际圈，她将朋友视为能够支持自己、提升生活质量的重要力量。虽然她知道如今临时改变计划并非什么大不了的，但她还是努力让自己只在确定能说到做到的情况下做出承诺。

如今，每天晚上她都尽量腾出时间和精力来陪伴自己的孩子和丈夫，这反而让她精力更加充沛了，能够在第二天精神饱满地应对一切。

莎伦的例子向我们说明，正直不仅能够促成自己日常生活的改变，还能给重要的人际关系、大大小小的决定和生活方向带来积极的涟漪效应。正直能给人生带来更多满足感，也能够促使我们取得更多成就，因为我们可以以真实的自我来取得积极作为。

第 **5** 章

乐观

悲观者在每个机会里看到的是困难，而乐观者在每个困难中看到的是机会。

——温斯顿·丘吉尔

软　技　能

你是一个乐观的人吗？你是如何看待自己在生命中所遇到的困境的？各类研究均证明乐观者通常是更成功、更健康和更长寿的。的确有很多人天生就是"乐天派"，你也许不是这类人，但还请记住，乐观是一种可以学习的品质。

乐观和悲观都是我们解读各类人生事件的态度，这个态度还会引发积极或是消极的倾向以及进取性的或压抑性的行为。那些对人生事件总是持乐观态度的人通常也更快乐，并且能以积极的态度面对困难，将其视为挑战而不是失败。乐观者更能看到挫折的客观原因，而非一味自怨自艾，并且会继续为了实现目标而努力克服障碍；悲观者则会把人生中所遇到的困难视为个人的失败，进而责难自己、痛苦消沉、拒绝改变。

无论你将半杯水视为"半空"还是"半满"，或是在二者之间，都要知道，乐观是可以学到的品质。

世界并非由乐观主义者和悲观主义者组成，我们都有保持乐观，对生活充满希望的潜质。

当然，这说起来容易，做起来难。在这个时时充满改变和挑战的世界中，我们大多数人都要应付大量工作，经受各种压力，挖掘自己乐观的精神更为重要。

什么是乐观？

　　人们常常将"乐观"和"正向思维"这两个概念混淆。"正向思维"通常是指盲目的乐观，凡事只看好的一面，就像《波丽安娜》故事中的小女孩，她到了一个小镇上，心里总认为每种境况、每个人都有积极的一面，因此大家要不断地强调这一面，让生活更美好，世界更和谐。因此，"波丽安娜态度"这个词常常被用来描述一个人死活不承认有任何消极的东西，这种人高度理想主义，思维却脱离现实，这种绝对的"正向思维"并不是乐观。同样，总是嘻嘻哈哈、精神昂扬、毫无抱怨或时刻微笑，也不等于乐观。乐观指的是让自己的人生丰富多彩，接受所经历的好事与坏事，尤其是要改变自己对不幸之事的认知和态度。

　　大多数人将自己视作乐观者，也就是"半满"主义者，但并非每个人都会如此。参加我们工作坊的医生都把自己描述为坚定的悲观者，也就是"半空"主义者：当你每天都要见证死亡或重症时，还能有什么值得乐观的？但对他们来说，虽然不必奢求"凡事都要看其积极的一面"，但寻找日常生活中积极的体验仍然很重要。那些在充满危险或形势严峻的环境中工作的人（比如在战争前线或遭受人道危机的地区中）也同样要努力珍视一切积极的东西。

　　我们天生的乐观倾向可能会使得我们盲目乐观，我把这种态度称为"瞎乐观"。比如，在开车、经营关系和工作效率方面，我们几乎所有人都认为自己是前20%的人，觉着对其很在行；再比如，绝大部分人会对自己的健康程度和预期寿命过度乐观，认为自己能够健康长寿；我们还严重低估自己失业或患癌症的可能性。在商界，乐观心态可能导致不切实际的预判，处在销售行业的人尤其明白：过度乐观通常会导致过度投入。群体性乐观还可能导致大规模的灾难：前些年，美国的房地产泡沫和经济衰退正是由众多人对于自己偿付房贷的能力过度乐观所造成的。

> 过度乐观的预估可能会导致灾难性的后果，但保持乐观的态度确实是鼓舞、激励、保护自己的好方法。

塔利·沙罗特在其著作《乐观的偏见》中说，我们需要运用自己的想象力，设想不同于现在的情景，并相信可以将其转化为现实。[1]很多人本来就有这样的偏见或倾向，这也是我们努力实现目标的动力。乐观主义者通常更能够坚持付出，因此收获的回报也更多。美国杜克大学的经济学家甚至发现，乐观者还能够积蓄更多金钱。另外，乐观者的离婚率低于悲观者，并且离婚后的再婚率也高于悲观者。

忘掉正向思维

正向思维是一个热门关注的话题，现在围绕着"正向思维"这一概念有一整个产业。芭芭拉·埃伦赖希在其著作《微笑或死去——美国和全世界是如何被正向思维欺骗的》中阐释了在美国，正向思维几乎成了宗教，使得很多人对其神魂颠倒，无论面对什么处境，都必须时时刻刻挂着笑脸。人们认为任何负面思考都会导致负面结果，因此必须将其驱除。另外，像朗达·拜恩的《秘密》一书，一度风靡全球，却只是助长了人们对于乐观的偏执迷信，认为发生在一个人身上的所有事都是因为"吸引力法则"[2]，致使人们过度乐观地坚信一切都是由心态决定的。这种想法的危险性不言而喻。《秘密》这本书向读者传达的信息是"一切都有可能，没有不可能"，这听起来很让人振奋，但现实是，我们不可能仅凭思维和自我暗示便改变事情的结果，并且这种格言也并没有事实依据。通过努力、决心和适当的乐观，我们确实可以取得诸多超出期待的成就，此时才能说"很多事情都有可能"。

> 与学习如何保持乐观相比，单纯的正向思维和积极暗示只是浪费时间。

心理学记者奥利弗·伯克曼通过其工作，使大家对乐观的认识更加深入，他甚至鼓励人们要适当地悲观一些。他认为，全社会对于积极乐观的痴迷实际上给人们带来了很多不快乐。他在自己所著的《解药》一书中结合自己的经历和科学研究，向读者介绍了一种全新的思维方式，叫作"负面路径"[3]。这种思维方式鼓励我们接受那些自己惯常避免的感受，包括挫败、悲观、不安全感、未知以及焦虑，这样做并非要让自己灰心丧气，而是综观全局，对于幸福抱持更为合理的期待。适当的积极并非要掩饰自己的感受，因为幸福感并非因为逃避痛苦，而是在经历痛苦后重新振作时才会真正感受到的。

适当的乐观

曾经风靡一时的"正向思维运动"给大家提供了简单质朴的解决方案，却并不重视积极和消极之间的平衡，也罔顾人们面对挫折时不同的反应，其不同之处取决于一个人的人格类型是应对型还是回避型：一个乐观的回避者会将半杯水既不视作"半满"，也不视作"半空"，而只认为是自己倒在杯中的高度。权威乐观心态和积极心理学专家马丁·塞利格曼在其著作《持续的幸福》中认为，我们如今大体已经进入了一个"心理治疗世纪"。他将传统心理治疗师的工作归纳为"通过心理干预将负面情绪最小化，减少人们的焦虑、愤怒和抑郁的体验"[4]。孩子的家长和老师也纷纷参与这个"将负面情绪最小化"的运动。然而，相比讲负面情绪最小化，更重要的是当我们真正在经历悲伤、焦虑和愤怒时如何让自己保持正常运作。一个人即便接受了全世界所有的心理治疗，也会有一早起来便感觉忧郁、担心和困惑的时候，我们所有人都不免于此，关键是不仅要克服这种心情，还要勇敢地面对人生，即使在悲伤时也要保持前行。亚伯拉罕·林肯和温斯顿·丘吉尔便是两个严重忧郁却十分优秀能干的人，两人都曾与抑郁症做斗争；英国知名演员斯蒂芬·弗雷坦承自己曾得过躁郁症，但大多数情况下还是努力从中走了出来。他还将自己描述为"乐观主义者"，或许他便是那种"回避型乐观者"。

真正的乐观者在生活中敢于面对现实，他们能准确地衡量现实，遇到问题便积极应对并寻求解决方案。他们努力做自己的英雄，不断成长，努力克服所遇到的任何困难。

"半空"还是"半满"，这因人而异。

适度乐观的标准

1. **准确无误地评估现实**。他们会积极地提出问题、质疑成见、评估事实、区别事实与感觉，形成自己的观点。

2. **将问题视作暂时而且只存在于特定情境中的**。能够正视自己的感受和行动是如何促成某种境况发生的，不要一味地怨天尤人。

3. **相信自己解决困难的能力**。积极调整自己的心态和行动，明白自己的主动性，即便无法完全改变客观现实，也要掌控自己对此现实的反应。

乐观心态为什么是一项必备技能

我们每一个人都有尚待开发的潜力和能力，而今后的世界在要求我们积极开发自己的潜能，并且要比以前任何时候都努力有所作为。这个时代是个令人振奋的时代，充满了机遇与变化。真正乐观的心态要求你保持开放的头脑，敢于正视一切，准确地评估现实，敢于面对问题，为自己的行动负责任，积极解决问题，通过主动选择，拥有幸福充实的人生。

长久富足的人生有5个构成要素，即积极的心态和内在体验，在工作和生活中的参与度，人际关系，意义、价值与成就感。要想过得满足与幸福，任何一项都不可或缺。[5]读者可以反思一下自己在这些方面的体会，以及如何能够有所提升，就像给自己的乐观程度做体检一样。

乐观心态如今愈加重要，因为我们要通过乐观来保持希望，并在经历困难的时候保持振作，还能让我们勇于承担责任并保持主动性（参见有关"主动性"的一章）。

我们虽然无法完全确定为什么一些人更积极乐观，但毫无疑问，我们的心态对于自己的健康确实有很大影响。乐观心态促使人们努力掌控自己的生活，而抑郁则会带来相反的效果，一个处在抑郁之中的人会对解决问题或让人生改观的做法兴致索然。乐观心态与身体健康的确切关系我们还不甚清楚，马丁·塞利格曼猜测，由于乐观者相对于悲观者更相信会有积极的结果，所以他们便更有可能关注自己的健康，也有可能是乐观者更受人喜爱，因而可以建立更亲密的人际关系脉络，而良好的人际关系和寿命也有正向的关联。还有一种可能性是，乐观的人所经历的创伤和困难可能更少一些（人生中大量的不幸事件会与不良的健康状况有关系），塞利格曼认为这些因素都是可能的。

建议

良好高效的睡眠和积极的性格特质有关系，你晚上的睡眠足够吗？[6]下面是一些能够改善睡眠的简易方法：

努力定时入睡、定时起床。

减少白天打盹，如有必要，最多小睡15分钟。

白天多感受日光。

睡前1到2小时不要看过亮的屏幕。

控制好自己的饮食，睡前不要喝酒或过度饮食，早吃饭，吃得清淡、健康。

晚上减少糖的摄入量，可以通过吃香蕉或喝牛奶来促进睡眠。

即便身处困境，积极乐观的人也更能够让人看到机遇。在今天的世界，这是一项很重要的能力。乐观心态是保持韧性以及在经历失败、挫折和艰难后依然取得成功的关键。每个人天生或多或少地就有乐观的潜质，而乐观者能够运用此潜质来积极面对未来。

乐观者相信"最好的尚未到来"，这个心态也来自我们对过去的认知，尤其是对于那些不幸的事的看法。他们坚信，造成不幸事件的原因是可以被改变的，并且他们不相信"一招不慎，满盘皆输"。

快乐来自内在的修行！

乐观心态在职场中的用途

乐观心态代表对于机会的开放态度，所以能够在工作中促成机遇、创新与合作。通常情况下，一个心态乐观的人与同事的关系也更融洽，会被视作能解决问题的人，人缘通常也会很好。

奥普拉·温弗瑞曾被问到，自己希望在青少年时代能够学到什么道理，她说："我希望我能够区分那些'光芒四射的人'和'充满负能量的人'。"她将"光芒四射的人"解释为给人以温暖、真诚、积极、精力充沛、热情高涨的人，这些人具有高度带动力，而那些"充满负能量的人"则是悲观、消极、与之相处起来很累，并且会自我厌恶的人。我们可能会想起自己在职场中遇到的"充满负能量的人"，而无论在工作中还是在生活中，我们都想成为一个"光芒四射的人"，这诚然不易，尤其是在面对压力、挫败、高要求和挑战的情况下，但这项品质十分重要，就像通过增强自己的免疫力来提升自己抵御压力的能力一样。

你是光芒四射的人还是充满负能量的人？

职场中运用乐观心态的案例

心理学家玛西亚尔·洛萨达[7]曾做过一项有关消极情绪在职场中影响的研究。他的研究团队通过观察一家公司的会议过程，具体对比研究了积极和消极的语言、以自我为中心的和以他人为中心的人，以及倾向于积极探索的人和习惯自我吹捧的人。

洛萨达发现，工作表现优异的团队，会议期间，出现的积极语言和消极语言的比例是6∶1，而工作表现不佳的则是1∶1，这个差异让他们的工作表现形成了很大的差距。表现优异的团队自然能够带来高利润率，在顾客满意度或其他评估方面也表现出色。

表现优异的团队更加灵活、更具人性，不会沉溺在草木皆兵的气氛中。他们既会提出问题，也会维护自己的观点。既关注他人，也关注自己。表现不佳的团队则关系疏远，不敢提出问题，也不会关注他人，沉溺在消极且以自我为中心的自我吹捧中，这种消极性使得团队失去动力、灵活性和敢于质疑的能力，每个人都在一味地维护自己的观点并批评别人的观点。

佛僧马修·李卡德说，快乐的根源是内在的成功，而其基础是高度健康的心态。由此可见，快乐与我们如何解读和思考各类经历有关，不仅仅是一种情绪、快感或心情。我们可以改变自己看待外界的眼光，快乐和乐观也是可以主动选择的，但我们却常常选择放弃快乐，这是因为，快乐来自内心，但我们常常将其寄托在身外之物上，这样总是会让自己失望。我们需要主动改变自己对外部事物的看法，思索自己可以有什么主动的作为。如果我们能将这种心态形成习惯，便很快就能感受到镇定与控制感，其实有时候只要让自己慢下来，静观态势，多加思考，再做出应对即可。我极力倡导用心让自己慢下来沉着地反思，这种做法对于提升七项能力有帮助，并且对培养乐观的心态尤其有益。当我们慢下来反思时，可以提升自己对于外部世界影响的感知。有时我们很容易就会被别人的做法和心情影响，使得自己被搅进他们的闹剧中。所以，一定不要认为别人负面的做法是针对自己的，要认识到我们之所以受其影响，只是因为他们是在和自己的情绪做斗争，我们自己的反应则应该由自己来决定和掌控。

寻求机遇

做一个会解决问题的人，生活从来不缺少培养这种思维模式的机会，比如，你本来计划今年去度假旅行，可是因为财务状况不佳，而且工作繁忙，不得不取消计划。

这时候，"解决问题"的机会来了：你可以花几天时间进行"就地度假"，去了解自己的家乡，也可以在家多陪陪家人，与家人在自家庭院里就餐，甚至就餐可以如同外出就餐那样庄重。

如果在工作上遇到挫折，比如自己所期待的升迁机会没有如期而至，或者自己所谈的交易方案没有达成，你也同样可以将精力专注在解决问题上。此时，不妨重整旗鼓，反思一下自己在工作中的职责，提升自己与团队的沟通效果，确保遇到困难时大家可以同舟共济。

锦囊妙计

做一个光芒四射的人

如果你能在自己的环境中散发正能量，人人都会受你影响，而如果你是个充满负能量的人，他们受你的影响会更多。多留意自己散发的能量给他人带来的影响。如果某一天你感觉不对，那就在进入办公室参加会议、做报告或参加董事会之前，让自己集中注意力，镇定下来，找回掌控感。这样做需要一些时间，然而，放任让自己一时的坏脾气影响身边所有人绝非好事，并且这样做也会让你感觉更糟糕。

适度的乐观者常常善于从不同角度来评估情况，会衡量不同的选项，然后再得出结论。乐观主义者会确保自己是解决问题而不是添麻烦，他们善于构建紧密的人际关系，在集体中发挥所长，所以也是非常出色的团队工作者。

职场的合作是一个饱受热议的话题，闲散的团队成员会以其消极的态度影响（或传染）到他人，他们的情绪和态度都会给同事的心情和工作效率带来极大的负面影响。所以，我们在职场的感受相当重要，一个人的感受、思维和行动之间有着明显的关联。当我们被强烈的负面情绪控制时，便会对给自己带来负面影响的人或事念念不忘，导致自己无法正常地处理信息、发散思维或做出理智的决定。此时的挫败感、怒气和压力都会影响自己大脑的正常运作。

心理学家格林伯格和荒川曾对汉诺威保险集团的各层级主管做过一项调查，通过调查发现，主管的乐观态度虽然不会直接影响其团队成员的工作积极性，却能大大提升他们自己的积极性，进而正面影响自己所领导的整个团队的表现。

案例研究——通过"设计师交流之夜"活动在职场营造乐观的氛围

"设计师交流之夜"是一种最多只允许20张幻灯片的报告形式。英特尔就曾鼓励员工在开会之余以这种形式来向大家分享自己的业余生活，这种做法立即给公司带来了很大的积极影响，大大地鼓舞了大家的合作精神。

当我们的情绪比较悲观，态度比较消极时，便会变得很僵化。消极情绪会限制我们的思维，使我们的心态高度戒备，会失去大格局。

积极的心态有利于我们放宽视野，主动进取，负面的情绪则会成为自己的桎梏。积极的心态能够提升你的好奇心，驱使你努力探索、积极行动。此时的你，心怀宽广，更乐意与人结交互动和尝试新事物；反之，如果被负面情绪所掌控，便会抵触新的体验，使自己"作茧自缚"，把自己局限起来，对外界也充满了怀疑，令你在与人相处中总是充满戒心。

建议

留意语气消极的表达中所蕴含的情绪，这个表达可能是自我暗示，也可能是从旁人那儿听来的。比如"我对某某感到绝望"这个说法，就与"我感到绝望"或"某某的处境很绝望"非常不同。发现其中的情绪并能够将其适当缓和，而非以自己所使用的语言将其放大。

其他的表达，比如"我们永远都不能……"，也可能是充满情绪的说法，而克服这种表达习惯最好的方法是弄清楚其中的事实和客观的因素，并确定自己有什么将其改进的做法。"我们永远都买不起房子"便是一个情绪性表达，会让自己失去希望，对于现实视而不见，忽视其他可能性，并且无法采取任何行动来改变现状。

_____

_____

_____

培养乐观心态所要面对的挑战

我们必须认识到，培养乐观心态并非易事，要克服诸多来自人性本源的阻碍因素，有些因素和我们对乐观的理解有关，还有些与我们乐观或悲观的自我认识有关。并且，我们难以摆脱自己盲目的乐观倾向。

正向错觉

不少人对自己的看法很积极，这些人的心态通常很好，偶尔可能会好过头了[8]，而真正的问题是，这种自我评价会导致偏颇行为。[9]我们会高看自己的长处，对自己的缺点置若罔闻，也无法正视他人对自己的意见，无论做出什么事都会为自己辩解或开脱。诸多研究证实，大多数人会高看自己，致使自我评价与他人对自己所做的客观评价相去甚远。你我之所以有这种倾向，一种解释是说，这是由于我们对自己都有些许"正向错觉"（泰勒与阿莫尔，1996[10]），这些错觉使得我们无法明智地抉择或客观地看待问题，这就是为什么简单化的"积极心态"有时会潜藏危险，因为"积极心态"会使我们固有的正向错觉更为严重。

心态乐观的人更能够看到机遇，但过度的乐观则可能会导致自己忽略问题或对形势做出过度乐观的判断，从而引发负面后果，这个效应和过度自信的效应如出一辙。而当一个人严重缺乏自信时，会将注意力过度集中在自己所面对的困难上，导致自己很悲观，无法把握机会。

如果我们大多数人都有过度乐观的不合理倾向，那么，我们如何能既受益于乐观的心态又对其可能造成的问题保持戒备呢？答案是：我们需要提升对自己天生乐观倾向的了解，并且要认识到乐观的真正含义。社会中存在着对乐观和积极的严重曲解，所以我们需要培养对于"适度乐观心态"的正确认识，这要我们提升自我认知，对自己负责并积极寻求解决方案。

期待值与乐观心态

有些人相信，只要我们降低期待值，当事情进展不顺利时，我们就不至于遭受迎头一击，而当事情进展顺利时，却能收获惊喜。就像《辛普森一家》中的霍默·辛普森说："尝试是走向失败的第一步。"但现实是，有不少研究证实，抱持高度的期待，且不论结果是成功还是失败，我们都能够提升自己的幸福感，关键是我们如何解读发生在自己身上的事件，各种对乐观心态和幸福感的研究反复证实了这一点。心理学家马歇尔和布朗发现，那些对于自己考试成绩不抱太高期望的学生在取得不理想的成绩后确实不会感到意外，但也绝不会觉得舒服[11]；当他们考得好时，则会将其归结为运气；那些对于自己的成绩抱持高期待值的学生在遭遇失败时，也并未一蹶不振，反而会更有动力下次表现得更好。

建议

日常的乐观心态。请记住，你的积极体验的发生频率相比强度来说是更好的成功预测指标。[12]

这就需要你努力确保每天都经历一些"小确幸"，包括外出散步，穿自己喜欢的衣服，遛狗，拥抱自己的亲人，在阳光下品茶，这些细微的积极做法很重要，因为幸福是诸多积极因素的组合，所以自己要坚持一些简单的好习惯，像冥想，运动，保持足够睡眠，助人为乐（帮助别人便是帮助自己），培养人际关系，记录下令自己感恩的人或事。

_____

_____

_____

积极暗示与积极联想

　　我觉得此前提到的《秘密》这本书最大的问题之一是，作者错误地认为保持对人生的乐观态度是一件轻而易举的事，你只要念一些积极暗示，通过想象将自己置身于更好的情景中，便会万事大吉了。很多自助类的书籍和有关的积极联想练习（设想自己处在完美的境地之中）也有同样的问题。数以百计的自我提升方法的主旨都是：如果你想要取得更好的工作或人际关系，只需要想象自己拥有最完美的工作或描述自己对梦中情人的要求即可，然后便会在生活中做出此类决定，并促进此类影响发生在自己的身上。人们对于这类说法很热衷，因为这高度简化了现实。当然，适度的积极暗示和联想确实会有积极的效果（如果你积极地期待良好的结果，便更有可能为自己创造取得这些结果的条件），但很多研究，甚至常识，也都证明过度相信暗示和联想的不可靠性。在纽约大学的加布丽埃勒·奥廷根所进行的一项研究中，研究对象被要求描述自己的理想工作[13]，那些自己承认经常设想自己职业生涯成功的人，实际上收到的聘书更少，而且薪水也更低。加州大学所做的另外一项研究要求参与的学生每天花几分钟设想自己得到更高的考试分数，[14]但即便是这几分钟的"积极联想"，实际上也使他们失去了学习的动力，最终导致学习成绩反而下降。

　　所以我认为，过度使用积极联想和暗示会使人对挫折准备不足，并且会打消他们为实现目标而刻苦努力的积极性。

　　马修·基林斯沃思所主持的"幸福的未来"研究项目[15]，在83个国家招募了15 000名志愿者随时报告他们的情绪状态，以观察每个人在一天的生活中愉悦感的浮动，这是全世界有关日常幸福感的首例大型研究。此研究得出的一个主要结论是，如果一个人的头脑在大半时间中总是处在游离状态中的话，那么他的心情总体是偏消极的，所以，无论一个人做什么，只要头脑不能集中精力，愉悦感便会大大降低。换句话说，为了提升我们的乐观心态和身心健康，我们应该注意大脑的活动。然而，实际上，我们平常在计划一天的活动时，并不会留意自己的思维状态，只是单纯地关注自己做什么。所以，不妨时不时地问一下自己："我的头脑今天要做什么？"

忧郁的心情

乐观的心态确实可以给我们带来好心情，进而给我们带来更多动力。我们的心情影响我们对人生的看法和处理信息的方式，万事都会随着我们的心情变化而变化，并进一步影响我们的思维。但不少人属于"情绪化"的那一类，他们的心情起起伏伏，千变万化，毫无连贯性可言。这些人对于消极事件（甚至积极事件）所采取的应对方式完全取决于他们当时的心情。当然，我们或许会时不时地觉得心情忧郁，忧郁的心情与遗传、体内激素水平以及包括性格在内的很多因素相关，但相比甘愿任由"人生命运"摇摆的人，那些相信自己能够影响自己的命运、改变自己的环境、决定自己的行动的人，对忧郁心态也是更能免疫的。

如果你的自尊心较低，也会影响你的乐观程度。低自尊会使你每次遭遇负面事件时都将其怪罪到自己头上。比如，假设你刚到办公室（或学校、音乐会），遇到了一个同事（或朋友），你向他打招呼时，对方不但没有反应，还将视线移开。有人对此的反应态度是：肯定是自己做错了什么才使对方这样的，或是可能自己上次见面时说错了什么话得罪了对方，使其对自己怀恨在心。

这种设想常常发生在一瞬间，那些低自尊的人难免会受这种思维方式的影响。现在的社交媒体也使这种情况加剧了。适当的乐观心态会让我们想到，这种状况是由很多因素造成的，和自己可能毫无关联：可能是你的朋友或同事正在经历什么不顺心的事情，也可能是当时没戴眼镜，或者因为匆匆忙忙或心情急躁而没注意到你。所以适度的乐观者不会随意将问题怪罪到自己头上。然而，面对压力或闷闷不乐时，他们的心态有时也会不佳。

为了控制外部事件给自己的思维和情绪带来的消极影响，我们该如何调整自己的心情？可以采取以下方法：

1. 减少生活中的消极因素。

2. 改变自己对事件的应对方式。

3. 努力参与积极的活动。

4. 专注能够带来满足感的内在目标。

我们需要想方设法真正地将适当乐观心态融入自己的日常生活中，不要一味地抽象追求"保持积极"和"好心情"。

思考一下

认识自己对事件的解读习惯

你对日常生活中所发生的事件的习惯性反应是什么？如果一件事进展得不顺利时，或是在收到坏消息时，你的自动反应通常是什么样的？可以通过思考这两个问题来了解自己，毕竟，我们是唯一真正了解自己的人。

如何提升乐观心态

越来越多的研究证据表明，乐观心态是人类大脑在进化过程中所出现的固有特质，表明了我们的大脑不仅会被过去所影响，也会被对未来的期待所塑造。在最近的一项研究中，当研究对象在处理将来的信息时，研究者会扫描他们的大脑，扫描结果发现，乐观性确实是人类的天生特质，因为我们大脑中的神经元会如实地编写有利于增强乐观心态的正面信息，忽略不期而至的负面信息。所以，当你听到一个成功的故事时，比如某个人中了彩票或是在职业生涯中取得了成功，大脑会立即构想自己一夜暴富或令自己声名鹊起的创意，这种天生的倾向会促使人们不断地买彩票。但当我们听到更为现实的信息时，比如"大约一半的婚姻都会以失败告终"，我们会自然地将自己从失败的状况中排除，甚至会觉着"75%的二次婚姻都以失败告终"也不适用于自己，为什么如此？就是因为我们天生具有乐观倾向。所以我们要留意自己的这个偏颇的倾向，同时还要意识到，我们都是天生怀此倾向独自横渡世界的水手，自然能够培养适当的乐观心态。

> **我们的大脑会不断地受到未来的影响。**

举个例子，为什么会有人为了让自己的书能够通过主流出版社出版而不断地为书写自荐信呢？他们肯定知道自己写的书读者寥寥，不太可能成为畅销书。他们写书可能是出于其他动机，或是对于自己的书能够大卖有极高的期待。那些独立出版的作家可能也偏向于认为自己的作品可能会成为畅销书。大家如何看待一个从一场试镜辗转到另一场的演员？他们当然知道只有很小一部分演员能够真正成为职业演员，更少一部分演员能够真正成名。即便成功的概率不大，但他们对于自己所从事的事业还是保持高度热情，相信自己有成功的机会。

适当的乐观还意味着我们可以继续追逐自己的梦想，但现在要采取不同的方法，要更加努力和主动，确立明确的目标，掌控好前进的方向。我一年内可能会提交30多份咨询提议报告，但可能只有2份得以被接纳，最终与对方签订合同。每次我提交报告的时候，我都会告诉自己这份报告能够被接纳，因为我相信这是正确的态度。通过一次次撰写报告，我在这方面的写作能力得以提升。虽然我知道，客户采不采纳我的报告，并不只看那份报告本身优劣与否，而是得从多名出众的咨询问所提交的报告中甄选，综合考虑所在地、成本、经验等因素后方可决定。明确这一点之后，我对于为了让2份报告得以被接纳而写30份报告毫无怨言，也不会对其能不能被接纳有太多忧虑，更不会因为被拒绝而过于沮丧。

建议

无数研究证明了培养感恩态度的巨大效用
将令自己感恩的人或事写在笔下

如果把人生中所有令自己感恩的人或事都记录下来，能大大地提升自己的情绪健康，还能赋予自己看待事物的全新视角。表达感恩还能增强自己的免疫能力，让自己睡眠充实，缓解抑郁的心情。即便在自己觉得很糟的情况下，如果能把思想专注到一些积极的事上来，心情便能立即得以调解。当然，表达感恩最好的方式还是写感恩日记，可以将其用以记录当天发生的积极事情，也可以用其探索自己所应感恩的事物，比如健康的身体、热水澡、咖啡、美食、家人……即便只列三个，也会很有效。

_____

_____

_____

乐观心态与应对压力

不管是重大的人生危机，还是像由于火车晚点而导致迟到这样的日常小麻烦，对于问题或带来压力的情况，我们都会有两种应对方式。第一种是以处理情绪为中心的应对方式，即通过冥想、放松或专注积极面来让自己心态放松；另一种是解决问题式的应对方式，这需要你积极地改变局势，确定自己所需要做的决定，想出解决方案。当情况已经无法挽回或不由自己控制时，很可能利用第一种方式会更有效。但当我们需要积极行动来改变结果时，专注处理自己的情绪便是本末倒置了。祈祷一项规模宏大的工作项目变小，或只关注其中的积极面并无法改变什么，只有积极面对、采取行动才能带来改变。

乐观心态能够帮助我们消除压力导致的炎症，降低像皮质醇这样的压力激素的水平，还能通过弱化交感神经系统的活动和促进副交感神经系统的活动来减少患疾病的可能性，后者所管控的是"休息与消化"这类生理活动，这类活动与"或战或退"这种生理反应正好相反。

——科学记者、作家乔·马钱特博士

佯装作态

通常来说，我们都相信自己的感受能够影响自己的行为。如果我们觉得高兴，便会微笑；如果我们感觉难过，便会皱起眉头，呈现痛苦的表情。然而，早在19世纪，哈佛大学心理学家威廉·詹姆斯就设想行为和感受其实是可以相互影响的两个方面[16]，所以，如果你想要感觉快乐，就可以主动微笑。不过，这个设想并没有转化为研究成果。在后来的数十年中，各类自助图书如雨后春笋般出现，这些书认为，只要我们改变自己的思维方式，自己的做法也会相应改变。[17]

到了20世纪70年代，心理学家詹姆斯·莱尔德决定验证威廉·詹姆斯的设想是否成立[18]，他让志愿者通过紧咬牙齿、皱起眉头来做出愤怒的表情，然后让他们通过微笑来表现快乐的表情。研究发现，当志愿者微笑时，他们会感觉快乐得多，而当做出愤怒的表情时，也确实更加愤怒。后来的研究还发现，这种效果其实在我们生活中的方方面面都有效。即便只是做做样子，佯装作态，也能够明显地改变自己的感受，这说明行为可以先于感受，所以有时不必先"调整心态"，做出行为之后，心态就自然改变了，效果事半功倍。

以自信为例，大多数自助书籍都会鼓励你回忆那些自己表现出色、为自己所取得的成就感到骄傲的时刻，甚至设想自己在自信满满地做报告。但是，如果下次做报告时，你昂首阔步地走进报告厅，放松身体，大胆微笑，你便自动觉得胸有成竹了。我对此深有体会，所以每当我做报告时，都会把自己想象成一个舞台上的专业演员。

锦囊妙计

努力做出自己想要的样子

这种做法十分有效，你可以尝试通过一个"强力姿势"来获得信心：身体站直、双肩靠后、昂首挺胸、双脚站定。如果你是个习惯拖延的人，花10分钟表现出自己对于接下来要完成的工作兴致勃勃的样子，然后开始行动。你会发现自己很快就能进入状态，并有强烈地完成这项工作的欲望。你也可以将这项任务分成几个小部分，关键是一定要有所行动，不要等到自己"感觉想做"的时候再开始行动。

ABCDE模式和解读方式

马丁·塞利格曼表示，乐观和悲观心态的关键区别是我们不同的"解读方式"，即我们如何解读自己所经历的人生事件。接下来的这个模板便能体现这一点，并且能说明我们每个人都有两种倾向。塞利格曼相信，乐观是一种可以习得的心态，每个人在自主做出消极反应之前，都可以先问自己一些问题。读者可以尝试努力提升对自己默认反应方式的感知，然后不断地问自己问题，努力表现适当的乐观。

对事件的体会	适当的乐观	悲观反应
体验、负面事件、问题、突发情况	积极看待事件或经历，不会悲观地看待负面结果。	悲观看待所有经历，刻意执着于负面体验。
不同的归因方式——怪罪自己或归因于外界	归因于外界——不过度怀疑自己，不自动认为不明原因的负面情况是由自己造成的。	怪罪自己——把问题归罪于自己，哪怕会有诸多其他外部原因导致这个问题。
归因适用范围——是独特而暂时的问题，还是普适永久性的?	不会怪罪自己，别人不高兴或对自己大喊不代表我有冒犯到他们，把公文包落在地铁上不代表我很蠢。	将一个单独事件普遍化，当自己犯错时认为自己会永远犯同样的错误。
视问题为永久性的还是暂时性的	确定负面结果或情况有自己的原因后，意识到自己的问题，然后修正问题，取长补短，利用自己的优势减少损失，带来收益。	认为问题具有永久性，不可能得以解决。

对事件的体会	适当的乐观	悲观反应
争辩	斟酌情况的方方面面，如果是自己错了，就勇于承认，及时纠正。或是认定问题并不重要，努力改变可以改变的情况，努力避免未来出现同样的问题。	毫不为自己辩解，遇到问题首先责怪自己，对于自己的缺点念念不忘。
结果、解决方案	乐观者会接受不幸事件，为自己的问题负责，努力解决问题，不纠结于不幸事件和问题之上。	对情况的结果极度失望，放弃努力，告诉自己一切都是注定的。

塞利格曼的ABCDE模式[19]便是基于此设计的，这个模式的前三项内容来自艾利斯的ABC模式，包括逆境（Adversity）、信条（Belief）和结果（Consequence）：

逆境（事件）：我丈夫回家后冲我大吵大叫。

信条（对事件的解读）：他真是个混蛋！他如此不尊重我，粗鲁无礼！

结果（由对事件的解读产生的感受和反应）：我应该吵回去。把饭菜丢到地上，气冲冲地走出家门。

在培养自己的乐观心态时，首先要观察自己对事件的本能反应、自己对事件的解读和其中所反映出的信条，为了记录这类情况，塞利格曼会要求学生培养写日记的习惯。

通过这一实验，塞利格曼认识到，要在ABC模式的基础上增加"D"和"E"，即论辩（Disputation）和恢复能量（Energisation）：

论辩：（利用反面证据）挑战自己对事件的解读或自己本来所认为的事件的起因，比如："我反应过度了。我当然不喜欢他对我大吵大叫，但也许他有什么麻烦，他本来就不是个粗鲁的人，今天可能过得很不顺利导致他心烦意乱，我自己心情不好的时候可能也会这样。"

当面对同样的情况时，这样做并非易事，因为我们的本能反应是做出回应。成功的论辩会使我们自己的感受更为积极，并且对于各类事件有着更为客观的解读。更好的是，这样做可以让我们避免意气用事，渐渐地对人生经历的体验更加积极向上。

恢复能量： 成功说服自己，克服消极的信条，收获更好的结果。

通向乐观心态的七个步骤

读者可以通过以下方法来提升对乐观的认知，培养合理的乐观心态。如果有条件的话，不妨把自己的经历记录下来，甚至还可以花几个星期写日记或博客记录自己的体验。

1. 接受负面经历

诚如作家奥利弗·伯克曼在《解药》一书中所言，接受负面经历，并不是要自己变成一个悲观主义者，而是接受负面经历和正面经历对自己的人生同样重要这个事实。当你有这种心态时，便能养成对负面思维和人生挫折的"免疫力"，学会更好地应对负面经历。人生起起伏伏实属正常，我们需要接受自己所有的经历，并力图从中收获成长。

读者现在就可以尝试以这种心态来面对此刻所经历的不顺：

_____

_____

_____

2. 重新看待幸福

幸福可以是你现在就能拥有的，它不在遥远的未来，让自己放空和放松，努力顺其自然。花点时间思考一下自己所理解的幸福，包括工作生活平衡、有价值的工作、充满爱的浪漫关系、支持自己的亲朋好友和健康的身体，其中很多都在自己的可控范围之内。不要费尽心思追求那些虚无缥缈的东西，接受生活的缺憾，这才是真正的幸福和满足。

? 我应该对那些东西更加释然？

_____

_____

_____

? 我可以做些什么来增加自己日常生活中的幸福感？

_____

_____

_____

3. 尝试ABCDE模式

尝试利用ABCDE模式来应对问题或所经历的事件，记录下自己对事件的解读方式及其影响。要认识到，给自己带来某种感受的并不一定是客观问题或事件本身，而是自己对此问题或事件的解读。塞利格曼的学生在练习ABCDE模式时把结果记录了下来，结果真的带来了变化。

4. 放弃"自助类"书籍

我也曾读了好几年自助类的书籍，并对自己丰富的藏书引以为傲。读这些书确实会让我感觉更好，但我很少真正去做书上的练习。你听说过自助类书籍的出版商所称的"一年半规律"吗？所谓"一年半规律"，是说购买自助类书籍的读者群，常常是在过去一年半内买了另外一本自助类书籍却没有收获效果的人。这些出版商当然赚得盆满钵盈，也从我身上赚了不少钱。读者不妨放弃阅读这些书或是听此类的播客，它们并不会让你更快乐或乐观。你必须要努力做出行动，你当然可以！

? 我有没有什么自助类的图书？书名是什么？

_____

_____

_____

? 我愿不愿意丢弃这些书？

_____

_____

_____

5. 不必刻意地正向思考

　　刻意地正向思考让人心累，更有甚者，如果成了波丽安娜那样过度充满正能量的人，则会令其他人感到厌烦。应该多去了解自己，对自己的行为负责，认识自己对事件的惯常反应，关键是落实到行动中！

_____

_____

_____

6. 寻找排解焦虑和担忧的方式

　　我们都会感到焦虑，都要面对压力，关键是学会如何排解焦虑和压力，如何关照自己。如果你在赶期限，不妨每天早起游泳或做按摩，晚上让自己能够关掉各类屏幕，让身体和大脑放松下来，确保有一个好睡眠。一个基本规律是，你的心态越（适当）乐观，对自己的人生就越有掌控感，越能认识到那些造成压力和担忧的问题本来就是人生的一部分，并能在压力面前不乱阵脚。

? 我可以通过做哪三件事来让自己缓解压力？

_____

_____

_____

7. 留出表达感恩的时间

? 写下三件令自己骄傲的事和三件令自己感恩的事，养成每日感恩的习惯。

_____

_____

_____

具体案例

我们这次通过了解保罗的人生来探讨乐观的作用。首先通过他的个人简介来认识保罗其人。

关于保罗

保罗35岁左右，单身，在大城市发展，与他人合租。他履历出色，地理学硕士毕业，毕业之后在日本教了8年英文，后来他任职的语言学校破产了，他就回了英国。过去2年，他在市政府做行政工作，但最近被辞退了，对此，他并不感到意外，因为市政府最近一直在节省开支，再加上他和自己领导的关系一直不佳。然而网络上和新闻上播报的各类信息让他对未来感到有些悲观，看起来很难再找到工作。他不断地更新自己的简历，申请了几个符合条件和要求的职位，但都没得到什么回应。他有一些自助类书籍，也会听相关的播客。他一直笃信，自己可以通过自我暗示和正向思考来克服无益的悲观态度。但最近，他发现这些书其实并没有什么效果，就把它们搁置在一边了，也不再听那些播客。

保罗有几个朋友和自己的处境差不多。他最近心情很不好（其实他一直是个比较悲观的人），看不到自己有什么未来，就想着再次离开英国到世界旅行，因为他觉得"英国的情况越来越糟"。

我们看下保罗一天的生活，思考他如何可以通过培养乐观态度来提升自己。

保罗的一天

保罗通常早上10点起床，起床后会去游泳或跑步。他不太喜欢在公寓里自己吃饭，他要么在当地的体育俱乐部吃，要么在咖啡馆吃。饭后他会去图书馆读报纸或是借书。他喜欢读犯罪小说，有时也会看心理类的书。借书回家后，他会先读一会儿书，再上网浏览求职网站。下午，他按照约定时间去当地的就业服务办公室，他来这儿一段时间了，向工作人员陈述自己找工作的情况，但对方并没给他实质性的鼓励或帮助。他不禁告诉自己："我真是一个十足的失败者，连就业办公室的人都不知道该怎么帮我。"中午他点了一份外卖，一边看电视一边吃。晚上他和一个朋友小聚，喝了几罐啤酒，两人在一起回顾了曾经的美好时光。他的周末生活也大同小异，除了星期天和他姐姐一起吃午餐之外，不太参加其他社交活动。他觉得自己的生活陷入泥沼，也不知道该做什么来改变自己的情况。

保罗到底怎么了？

很多惯于悲观地解释自己经历的人都会出现像保罗这样的情况，他的主要问题也出在对自己的经历的解读上。此时，他的解读方式有3个特点：

过于自责。保罗相信，他的失业是由自己造成的，觉得自己跟领导说话时有些不逊，所以领导不喜欢他。但如果是一个乐观者就不会这样看，他们考虑那些客观的因素，比如"因为我的公司在节省成本，所以我的岗位很不幸可有可无了"。

不可好转。保罗将挫折视为永久的，"我不太可能再找到另外一份工作了"。

乐观者会将这种情况视为暂时的："挫折是暂时的，很多在政府部门工作的人都失业了，我随时可以重回英语老师这个行业，可以在国内，也可以再次出国工作，这样能继续丰富自己的简历。我先报告自己的失业情况，看能不能得到救济性帮助，然后再从长计议。"

命运难以挣脱。保罗认为自己一生都会被消极的事情所困扰："我是一个失败者，我毫无希望，我不是一个合群的人……"他会把给自己带来挫折的经历看成自己难以摆脱的厄运，乐观者则会将其看作独立性事件，甚至连"不利"的事件都不算："失业是好事啊，反正我很讨厌这个工作，这样我就有了找新工作的动力了。我找工作的运气一直不差，我还曾在日本工作过，人生经历也丰富多彩，在国外工作时我还攒下了不少钱。"

然而，保罗天性悲观，所以不太会那样想。其实他可以尝试从不同的角度来看待自己的人生经历，这也可以使自己从中受益。而他越是让自己沉溺在当下的这种心态中，自己的境况便会越糟，因为一个人的思维方式会影响到自己的境况。同时，他在报纸上或网上读的东西以及他找工作的经历，都加重了他的悲观心态，这使他几乎确信根本没什么就业机会，因此感觉自己的前途一片渺茫。这是一个"自我实现的预言"。他的朋友和他的心态差不多，让他对自己的看法更加确定，并且他会听信朋友同样的悲观看法，将其视为就业情况令人失望的支持证据。

如果保罗能够利用一些适度乐观的原则，将为自己的人生带来什么变化？我们半年后再来观察保罗的生活。

保罗的人生转变

现在，保罗的人生在朝积极的方向发展了。他现在更加了解自己对事件的解读方式，认识到自己陷入了一个"消极循环"中，并且自己在网上所读所听的东西、自己的生活方式、周围的朋友都使这个"消极循环"加剧。他现在对于自己所读的东西更为审慎，不会轻易被自己看到的新闻标题所蛊惑。他还意识到，自己可以通过尝试改变看待事情的角度来控制自己的反应。他的看家本领其实很多，并且在国外工作的经验是一个很大优势，他便在自己的简历上重点突出了这一点。他每天早上起床后还是会去游泳，但游完不再去图书馆看报纸了，他在手机上快速浏览所有新闻，也不在电视上看24小时连播的新闻。他还关掉了手机上的各类通知，所以可以控制自己看新闻或浏览社交媒体的时段了。此外，他还报名参加了一个烹饪班，并在班上结交了几个新朋友，这样做给自己带来了积极的改变：自己做饭，不但能更好地照顾自己，还可以省下一笔钱。

他暂时放下求职，转而专注自己的专长。他主动拜访了一些语言学校，向他们推荐一些可以新增的课程。他曾在日本任教多年，教学能力出色，虽然从日本回来就没再碰这一块，但对自己的能力还是有信心的。他仍未找到长期职业，但开始利用自己在日本生活的经历在晚上教跨文化交际课程，并为当地困难家庭的孩子做一些志愿工作，自己也从中收获了不少有用的技能和经验。更重要的是，通过帮助他人，他还提升了自尊心，认识到自己其实可以做出很多贡献，能够为世界带来积极的改变。他开始随时记录自己所感恩的人和事。那些自助书籍也提倡写感恩日记，如果能将其与积极的乐观心态一并利用，会给自己带来很大帮助。保罗本是一个容易消极的人，写感恩日记对他来说是一个简单有效的调整心态的工具。

乐观心态是可以学来的，也是可以提升的，并不是一种"非有则无"的静态人格特质。单纯的正向思维也并不会使自己更乐观，我们需要培养的是适当的乐观心态，首先需要提升自我认识，多加留意自己的思维并相应做出调整，这样的机会无时无处不在！

第 **6** 章

主动性

如果机会没有来敲门，那就自己造一扇门。

——米尔顿·伯利

软　技　能

大多数人觉得自己是比较主动的。如今生活到处充满选择，我们要处理各种信息，还拥有前所未有的自由，每个人都认为自己是独一无二的，因此都把自己限制在自我的小世界中来追求自己的目标，做出各类选择，应对人生的改变，经营生活的方方面面。这让我们看起来很积极，但实际上可能只是在被动地应对世界的变革，为什么？由于高速的生活节奏、纷繁复杂的信息和科技在生活方方面面中的普及，我们现在常常眼花缭乱、应接不暇。这当然不是我们本来所追求的，虽然我们只是在被动地应对世界的变化，还会感觉通过分散自己的时间和精力来多任务工作，自己就很有成就感。而真正的现实是，我们常常做事效率低下，无暇顾及自我反思，并且意识不到自己常常抑制主动运筹决策的能力，只有这个能力才能帮助我们预防对他人的言论或自己所处的境况做出无意识反应。主动性即要主动应对变化，而非被动地对其做出反应。其实无论处于主动还是被动，我们也许看起来神采奕奕、动力十足、生气勃勃，这就更会给人以我们总是很主动的错误印象了。

什么是主动性？

我们每个人都有主动应对和被动反应的能力，并且两种反应方式都有各自的生理基础。主动应对会使大脑消耗更多能量，而被动反应则不需要太多思考，很可能更容易，这便使其成为一种无意识的默认反应。不幸的是，每一次我们拿起手机时，也都在加强这种反应，而各类通知以及信息平台的即时性本质，都使这种情况更为加剧。

《高效能人士的七个习惯》的作者史蒂芬·柯维提醒大家，在刺激发生之后和我们做出应对之前，我们仍有选择做出应对方式的空间[1]，所以具备控制自己应对方式的力量。然而，这个空间难道没有在迅速缩小吗？即便我们可以在生活的某个方面变得主动起来，也未必能够给生活带来持久有力的改观。

思考一下

在一天中，你会给自己留出多少时间来反思和放空大脑？

一个高度主动的人，会利用自己制定的策略来营造自己的环境[2]，会专心致志地朝着明确且具体的目标前进，还会努力让自己专注当下，为自己腾出空间来思考如何面对迎面而来的一切，防止自己陷入纯粹被动的反应中。这不但需要管理自己花在社交媒体和即时信息平台上的时间，还要控制回邮件和处理工作信息的时间。如果一个人"全时在线"，他可能对于别人的信息和要求反应很被动，而主动性需要通过提升自我来做出改变，并且还要通过与他人沟通、推动倡议和把握机会来改变自己的环境。

认识主动应对和被动反应的区别。

被动反应是由外部刺激激发的，主动应对则是面对外部刺激的自发性行为。如今我们穿梭于各类任务之间，要回应各类平台上的信息，这样的生活更让被动反应成为切实之举。那么，我们如何才能在生活中找回自己的主动性，斟酌自己的应对方式，以让自己更高效、平和且快乐呢？

我相信每个人都有自己面对生活的路数，如果你是主动的人，便更会为一切做好准备，如果你是被动的，则会经常被迫亡羊补牢。

——领导力与管理专家约翰·麦克斯韦尔

首先得说，主动性是一项我们都能够培养的技能和心态。任何能不断创造价值的人都是主动的人。实际上，我们在人生中所取得的成就和自己的主动性直接相关。积极主动的人，其所能取得的成就比被动的人多得不只一点半点。柯维证实，那些主动的人，平均在一生中所取得的可量化成就是被动的人的50倍还要多，足以见主动性的巨大作用。

主动性包括两个方面：

具有长期策略。这需要一个人能够拥抱全新的机会，预计和防备问题的发生，坚持不懈，取得积极的建树，对自己的人生有所掌控，还要有高度的自我认知力，并使自己能够保持工作和生活的平衡。另外，要利用自己的原则和价值观来做出决策、设立目标，并努力实现目标。

专注当下。把握自己此时此刻可以采取的行动，利用好受到刺激之后，采取行动之前的片刻空间，并努力扩大这个空间，使自己在回复邮件之前有所思考，能够聚精会神地倾听，为自己留出时间，在回应同事或领导的傲慢态度之前能够先做几次深呼吸。

主动性的本质在于以下4个方面：

1. 自我认知：自我认知是主动性的关键，因为如果我们意识不到自己的负面反应，那么主动将其改变为积极行动便无从谈起。此外，我们还要认识到自己的优缺点，以及造成自己习惯性应对方式的缘由。当然，我们的反应也未必总是负面的，但由于各类信息井喷式爆发，再加上我们想要立马做出反应的冲动，我们很难真正地对自己所面对的人或事有客观理性的评估。

2．意志力：有了自我认知并不足以让我们采取主动的应对行动。罗伊·鲍迈斯特和约翰·蒂尔尼在二人合著的《意志力：关于专注、自控与效率的心理学》中提到，一个人的自我控制力与智力是取得成功的重要指标。不过，我们并非特别擅长运用自己的意志力，需要在此方面有所加强。《意志力》这本书中针对如何有效地利用意志力提供了大量建议，两位作者提议，通过微小但常规的练习，比如保持整洁、端正体态、养成常规习惯，我们都可以提升自己的意志力。

3．责任感：保持主动意味着对自己的人生负责任。"责任"的英语单词"responsibility"可拆分为"应对"（response）和能力（ability），所以责任可以理解为"应对能力"。主动的行为来自依据自己的价值观和原则所采取的有意识的选择，而非自己的感受或情绪的产物。

4．自我掌控：主动便是能够全面掌控自己的思想、情绪和信条，还能把控自己的行为，不把自己的问题怪罪于他人或外部环境。

综上所述，主动性始于自我认知，能够通过意志力和对自己行为的责任感来提升，是创造个人幸福、追求自己理想生活的关键能力。

回望自己的人生时，这4个因素对我的影响显而易见。我自认为具备高度的自我认知，能够认识到自己的优缺点，了解自己惯常的应对方式，这也就意味着无论是在当下做出回应，还是为实现目标采取行动，我随时都能够选择不同的方式。我也许并非总是对的，这便需要我具有意志力了，有时这还意味着要简单地管理自己的时间，有时则要努力克服自己的本能反应，采取全然不同的反应。我还经常需要利用意志力管理自己花在网络上的时间，对所有人来说，浪费大量时间发表评论、观看视频、编辑配文和回复别人习以为常，各色各样的平台、即时信息软件和群聊都使我们浪费时间发各种信息。我们应该对自己利用网络平台的方式更为审慎，这是因为，目前我们在上面浪费的时间完全挤掉了可以用于反思自我和放空大脑的时间，这样的时间对于保持清晰的思路和理智地应对外界十分重要，但现在我们一天中都处于高度警惕紧张的状态。

此前我提到过，我会依据自己的价值观和人生准则来计划自己一个星期的活动。这样做让我无论是在周末，还是在工作日都过得很高效，而且让我相信自己完全能够掌控自己的所言所行，能够做出明确且主动的人生选择。我当然也会冒险或者犯错，如果有人邀请我尝试我从未体验过的东西，我很可能会爽快地答应；如果我对现状不满意的话，我会采取行动来改变现状。

思考练习

? 我在一天中会花多长时间在社交媒体和即时消息平台上？

_____

_____

_____

? 我在一天中会不会为自己设立"摆脱手机"的时间？（比如晚上某个时间之后）

_____

_____

_____

? 我早上的日程通常是什么样的？如何添加更多反思时间？

_____

_____

_____

主动性的必要性

　　当我们在面对不可控的未知情况时，自己对人生的控制便会减弱，许多人会因此焦虑、失眠、担忧，甚至抑郁，这些未知情况可能包括失业、缺乏安全感、财务问题、担心未来或其他像社交媒体带来的"错失恐惧症"的压力。主动性能为我们带来对自己人生和未来的掌控感。在一个充满不确定性的世界中，主动性能避免让环境来决定自己的思维和行动，所以至关重要。具有高度主动性的人能够认识并接受自己不可控的情况并安之若素，这也是一种选择。可以说，接受不可改变的情况是一种更为困难的选择：读者难道没有经常听人们怨天尤人吗？比如责怪晚点的火车、不利的时局或爆炸性的新闻；你们难道没有受天气影响而感觉压力增大吗（尤其是身边的人也在抱怨天气时）？你们有没有参与过背后八卦别人（其实这也是在对自己的生活发牢骚）？大家尤其要留心，今天的这些抱怨、八卦、牢骚常常会发生在互联网上。读者还可以想想，自己曾多少次主动地改变自己对待工作和生活的态度或尝试新的事物，在遇到挫败后仍然坚持不懈？

> **建议**
>
> **不要抱怨天气**
>
> 英国人经常难以自控而毫无休止地谈论、抱怨、责怪天气，这种闲言碎语无处不在，当别人主动向我们谈起时更是无从招架。读者可以尝试看自己能不能在一天中完全不谈论天气，这也许看起来是件无所谓的事，但想一下我们的日常行为多大程度上会受天气的影响，我们会发现，其实天气是一个无法掌控，却浪费能量和注意力的事项。不妨主动让自己享受所有天气，并且在别人抱怨天气时让自己主动做出不同的回应。

主动性至关重要，因为只有你才能为自己创造想要的人生，为自己对外在事件和环境所做出的回应负责任。如果你视自己的意志为生命的中心和人生的主人，便更能够有所作为。将精力专注于自己可控制的因素（比如自己的行为和应对方式）之上，你也在提升自己对身边人和外部环境的影响力。而如果执迷于自己不可控的因素之上，让自己被动地做出反应，怨天尤人，自己便陷入了一个恶性循环中，对他人自然也没有说服力。

> **建议**
>
> 要掌握自己人生的主动权，一定要留意自己在与和他人对话时所采用的语言。下面是一些通过修正自己的语言来表达主动性的例子：

被动反应式的语言	主动应对式的语言
"我不能……"或"为什么我就不能……"	"我如何才能……呢？"
"我应该……"或"我不得不……"	"我想要……""我选择……"或"我很想……"
"我为什么对……难以自拔？"	"我应该做些什么？我可以通过做什么小事来取得自己期望的改变？"
"没办法，事情就这样。"	"我能如何改变现状？"如果你无法改变局势，问一下自己："我如何改变态度，把精力放在对自己来说真正重要的事物之上？"
"如果我要有更多时间的话……"或"我现在太忙了，根本没时间做喜欢的事情。"	"我如何能挤出时间来？当下对我来说最重要的事是什么？我可以将什么先搁置一旁，然后腾出时间来做自己喜欢的事？"
"如果对方能改变就好了。"	"他们本来就是这样。我能做什么来满足自己的要求或是拉近我与他们的关系？"
"我一个人没法做这么多。"	"我如何能获取自己需要的帮助？"

　　掌握主动还能让你的人生更为快乐。专注做出积极的改变并因此找回掌控感，创造一个有利的环境，而非被担忧和焦虑所左右。如果你受困于焦虑难以自拔，或一味地在试图防止坏事发生，不但会失去生活的乐趣，更会失去对自己人生的掌控感。

　　如果想在职业生涯、个人发展或追求目标的过程中更上一层楼的话，必须要保持主动，为自己出谋划策，对外部世界做出有力回应。

职场中运用主动性的案例

一份对于职场主动性的研究评述（格兰特和阿什福德，2008）[3]强调，今日职场中的等级观念不再那么强烈了，人际关系更为灵活。不出意外，自该研究评述发表后，这种状况应该更为普遍了，便需要有全新心态的职员具备前瞻性和主动性，不需要时时监督和指导。格兰特和阿什福德还认为，"这类新职员不会被动地面对人生，他们会努力影响、塑造、把控、扩展和调整自己的人生"。这些作为其实可以说是主动性的定义，不仅适用于职场，也适用于日常生活。

主动性在职场中的用途

必须要提到，今天人们的工作形式已经和往日大有不同，而且会继续变化。如今我们频繁改换工作的可能性大大提升，必须要积极主动地掌控自己的职业生涯。面对自己的职业生涯，如果你具备高度的主动性，便更能在工作中获得更大的成效和影响力，也更有可能找到充分发挥自己才能的领域。

如果你在生活中是一个主动的人，便更懂得如何健康地生活，与人保持积极的交流，在面对挑战时也更能够有效、灵活、积极地攻克难关。

如果一个人在工作中不具备主动性，有可能会成为职场中的累赘，为什么？因为你可能会严重依靠他人，依赖外部的环境，还需要大量的"休整"。在当今职场中，一个人必须主动进取，多关注自己可以带来的改变。现在很多工作变得复杂起来，所以主动作为能成为自己在职场中保持不可替代的关键能力。如果消极被动，那真的要当心了！你所在的机构都要积极主动，以在竞争中战胜对手，立于不败之地。小型机构由于更为灵活，便更能够主动作为。一家公司内部的等级观念越弱，每一位管理人员便越需要独立地做出重要决定，这必然是未来的趋势。

> **你属于需要大量"休整"的人，还是可以灵活应变的人？**

在职场，一个主动性强的人会做自发的、推动改变的、面向未来的工作，举几个例子：

一个实习生请同事评价他的表现（自发），以此找到自己可以提升的方面（推动改变），然后在简历和领英档案上添加别人对自己的能力鉴定书（面向未来的）。

在不经命令的情况下，一个基层员工主动做一些特别有用且有价值的工作。比如一位秘书为她的主管准备了一个文件夹（自发），上面详列了此主管未来可以参加的有利于扩展公司人脉的会议和活动（推动改变和面向未来）。

一位项目主管通过自我评估近期的一些项目（自发），探索可以拓展自己能力的领域（推动改变），并发掘新的项目机会（面向未来）。

思考练习

你自己可以做出哪些自发的、推动改变且面向未来的行动？

? 自发的：

_____

_____

_____

? 推动改变的：

_____

_____

_____

? 面向未来的：

_____

_____

_____

在工作中展现主动性是具有前瞻性、捷足先登的表现。一个人越高效地应对日常任务，就越具有灵活性，越能够接受新信息，进而提高主动性。一个主动的人，一定能做好规划，为自己设立目标，并能够有效地管理时间，所以，无论他的生活质量还是工作效率都能提高。一个主动的人还会主动地推动事情的进程，让自己反客为主，而非被动地等待事情的发生。

学习如何提升主动性需要保持注意力，留意事件发生之后，自己做出反应之前的时刻自身的反应。随着你越来越能让自己停下来，反思自我，有意识地选择自己的应对方式，你会惊讶地发现自己可以保持主动，在人生中做出更为明确的选择。

一个人在职场是否主动，一定程度上是由个人因素与环境因素共同影响的。作为一个员工，如果你觉得自己有很大的自主性，可以自行做出决定，便会更有信心保持主动。当你确信自己会得到支持时，便会更主动地发起行动或提出倡议。

宾多和帕克在2010年所做的一份研究评述显示，大量证据表明，一家机构中成员的主动性在很大程度上会受这家机构的氛围、文化和管理方式的影响[4]，因此，如果一家机构的工作环境抑制主动性，那么一个在日常生活中本来高度主动的人也会在工作中变得被动起来。所以，作为公司的管理人员，如果你想招募到主动的员工，首先应该创造一个鼓励主动作为的氛围；作为职员，如果你的工作单位并不鼓励主动性，你仍可以主动发起行动或提出倡议。对个人来说，能不能保持主动是一种选择，你完全可以决定自己如何表现或采取什么行动。多加留心身边的工作文化，倾听别人的看法，然后采取相应的行动。

如果一家公司的管理层鼓励主动性，公司定能从中受益良多，受鼓舞的员工的工作绩效会明显提升，能够取得更多开创性的成就，对公司也更为忠诚，对自己的工作表现也更为满意。当员工主动进取、争相竞逐时，整个公司也必能取得成功。如果你是一位管理人员，不妨积极地鼓励和支持自己所领导的团队保持主动，各尽其能。

建议

当你需要什么时，你可以选择等待别人为你送来所需要的东西，而这可能需要你等很长时间，你也可以选择主动争取。被动的人总是会被动沉默，希望别人能够领悟自己的需求，然后奇迹般地将自己的需求瞬时满足。更有甚者，过度的被动有时还会使自己充满怨气，对别人的疏忽小题大做，甚至背后指责别人。一定要保持主动，一五一十地将自己的需求表达清楚，条理清晰、心怀善意地与人沟通。无论在工作中，还是在日常生活中，保持主动其实都是极佳的应对压力的方法。

_____

_____

_____

另一项由格哈特、阿申鲍姆和纽曼在2009年所做的研究显示，当公司允许自己的员工主动为自己设立目标，赋予他们权限管理自己的进度和环境时，员工的工作绩效会更出色。[5]研究还认识到，对本来不主动的员工来说，主动的做法是可以习得的，而那些本就十分主动的人则应该再接再厉，最大限度地利用自己的优势为公司创造业绩。公司应该鼓励并专门培训积极主动的作为，让员工知道公司重视他们的见解和提议，并有机会公开分享自己的创意。公司还应该确保员工可以真正为自己的工作负责，在自己所承担的项目中发挥主人翁精神，这样便能够提升员工的信心，使他们有勇气和意愿将不同的创意付诸实践。

思考一下

专注解决方案

高效的人的一大优点是具有出色的解决问题的能力。我们都会遇到问题，如何处理问题则决定我们是否高效，应对问题的最佳方式是对症下药地寻求解决方案。一味地执着于在自己控制之外的东西会使我们浪费很多宝贵时间。所以，一定要针对自己可以控制的方面来寻求解决方案。

扩大人脉当然是一种积极主动的做法。当然，无论是面对面，还是通过专业的在线社交平台交流，扩大人脉都不应该是互相利用、各取所需，而应该是真诚的交往。领英是最佳招聘平台网站之一，各家公司可以在上面便捷地找到具备其所需具体技能的人才。[6]如今，一份好的领英档案比一份出色的简历更有说服力，因为一个人在领英上极难捏造事实。比如，如果你上过一所大学，就会有同样上过或任职于这所大学的人来反映这一点。此外，领英还允许你与各类人士建立联系，为自己创造各类职场人脉。你还可以在上面直观清晰地呈现自己所做的工作和负责的项目，还会得到熟知自己工作的人的推荐。当然，领英和其他社交媒体有很多共同点，我们应该审慎地使用它们，要在拓展人脉和自我营销之间划清界限。我和我的团队会组织旨在帮助人们拓展人脉的类似工作坊活动，活动的主题是创造机会让不同领域的人齐聚一堂，看他们之间能产生什么火花。我们会努力创造环境，让人们开展有意义的对话，共同度过有价值的时光，收获全新的想法和人脉。人们可以自主决定是否愿意继续对话。尽管网络是一个很好的建立职场人脉的平台，但我们还是坚信日常面对面的交流是最好的巩固人脉的手段。

> 良好的人际关系是面对面或通过领英等在线平台实现人脉拓展的关键。

无论在线上还是线下拓展人脉，具体来说都需要巩固关系，互相之间扩大透明度。当我们走入一间挤满人的房间时，如果不主动帮助别人或与人合作，很难真正建立有意义的人脉关系。同样，给自己制作一份领英档案，却不遵照在线社交礼节来利用这份档案，自然是不具备主动性的表现。在线社交的礼节是什么？很难明确定义，有一些是众所周知的，比如，用心地编写自己的档案内容，上传清晰的头像照片（就像在商务场合中衣着得体一样），还要通过发布有趣的文章、用心编辑的信息（而非领英平台上的信息模板）来邀请别人与自己合作，主动寻找机会，为别人提供机会与支持。以上所有做法当然都是自发的、推动改变的、面向未来的。

培养主动性所要面对的挑战

　　伍迪·艾伦的一句名言是"人生的百分之九十在于付诸行动"。我认为，他这句话大致是对的，但真正的主动要远胜于简单的"付诸行动"。如果我们天性主动，很可能也更有韧性，更为乐观（读者可以分别看一下关于"乐观"和"韧性"的两章），面对人生的各种不如意，我们必须要有韧性，要有乐观的态度。一个主动的人也会为各种拒绝和否定做好准备；如果我们不够主动，遭遇几次磨难可能就萎靡不振了，面对未来时会更加被动，会不断抱怨"我明明做出行动了，却收效甚微"。主动的人会坚持不懈，不会满足于"我至少努力了"或者"我尽力了"。我们常常听到这些在失败后为自己开脱的说辞，却很少见人们坦承自己不够努力的事实，然后痛定思痛，努力提升自己并再次尝试。

　　研究证明，主动性作为人格特质，与人的外向性和对经验的开放性等其他人格特质相关联。[7]如果一个人天性内向，有时可能会因此怯于表现主动，但并非总是如此。目前的研究还认为一个人的主动性并非只由性格决定，还会受其所在环境因素所鼓动。例如，如果工作场合鼓励独立性，并且有人支持自己，即便是一个内向的人，在别人的支持下，也能够调整自己的行为，努力实现目标，成为自己的人生舵手。另外，由于主动性和乐观心态以及韧性之间存在紧密关系，所以，一个积极进取、坚韧不拔的内向者也还是能够保持主动性，其性格中的"被动性"未必会影响他的行动。

> **外向的性格不代表具备主动性，内向的人未必不主动。**

　　在努力满足期待和要求之外，主动的人还会继续努力，因此主动性是一种需要时间、精力和体能的品质。有些人天生怠惰，不屑于付出努力或保持主动，是否主动当然是个人的选择。卡罗尔·德韦克在《自我理论：它们如何影响动机、人格与发展》中说："努力赋予生命以意义，努力意味着用心，愿意在自己所重视的人或事上付出。"[8]那些不愿意付出的人可能确实怀着事不关己的态度，但如果有一件事让他们特别关注，他们可能也会挖掘自身的主动性。

打消我们主动性的另一个因素是怨天尤人的倾向，这个倾向致使我们惯于被动反应。比如，如果有人对你不尊重，无论你被动地让对方激怒自己，还是对其毫无反应，结果都可能是自己感觉更糟。你本来在主动向一个目标迈进，若途中遭遇挫折便责怪自己境遇不好，就陷入了被动反应的状态。主动性之所以与乐观心态的联系如此紧密（参见有关"乐观"一章），是因为乐观的人对于挫败或负面的境遇有其独到的看法。

> 责任心（responsibility）的英文拆分出来是"责任"（response）和"能力"（ability），即主动选择自己应对方式的能力。高度主动的人能够认识到自己所应承担的责任，他们不会责怪外部环境、客观条件或自己的状态。他们的作为是依据自己的价值观有意识地选择的结果，而非由外部条件影响和自身情绪引发的后果。
>
> ——美国教育家、作家史蒂芬·柯维

如今，我们的生活节奏飞快，因此在接受刺激和做出回应之间的空间被大幅缩小了。我们利用自己的精力和才能，马不停蹄地忙于赶各种期限，应付一个又一个的任务，就认为自己很主动，实际上，我们只是被动地做出反应而已。在这种情况下，我们对于主动的错误理解本身也是抑制自己主动性的因素。

建议

让自己慢下来

如果你每天都在匆匆忙忙地处理一项又一项任务，不停地赶进度，很容易就会让自己的生活失控。不妨给自己留出反思的时间，可以利用这段时间来规划一周或一天的日程。当然，并不是要你一定做一个待办事项清单，而是要你努力思考如何应对各类情况和场合以及应该追求什么目标。

_____

_____

_____

另一个抑制我们主动性的因素是拖延症，拖延症使我们面对令人分心的事物时无所适从。我们可能都有类似的经历：本来登录电脑要做一件实事，可能是付账单、完成项目，结果却被一封邮件、一个搜索词条或一个网页分心了，接着便浪费了大量的时间。

拖延还有其他表现形式，比如很晚才入睡，不停地"刷剧"，不愿意与人谈严肃或难有共识的话题。

> 如今接受刺激和做出反应的空间正在被严重缩小。

据《战拖行动》作者皮尔斯·斯蒂尔所言，95%的人都是"拖延症患者"。[9]很多情况都是由快节奏的生活方式和不能长时间保持注意力所造成的。我们会在本应完成项目的时候浏览网页，今天被一件事用掉了自己的大把时间，便索性把一通重要电话或一项关键任务推到明天再处理。我们都会这样做，所以会受到"拖延症"的困扰，这严重阻碍了我们的主动性。要做到主动，就必须做好计划，保持自律。

自己眼前的任务便是最重要的任务，专心致志地迈出每一小步，做好每一件小事。

——奥普拉·温弗瑞，美国传媒大亨、脱口秀主持人、慈善家

建议

千里之行，始于足下

如果你在拖延，不断推迟自己该完成的任务，或是不能专心自己当下所做的事，不妨将这件事分成多步来完成，每完成一步都可以祝贺一下自己。千里之行，始于足下。你在写报告吗？那为什么不先写下标题和框架呢？为自己设立一些比较现实的目标，努力实现这些目标，将自己的进步记录下来。

_____

_____

_____

简单来说，主动性就是在情况所迫之前便采取行动，比如定期更换车上的机油，防止车发出怪响。一个主动的车主会使自己的车保持运转平稳，防止因为维护不力而使自己不得不掏更多钱来修理。相对于维护不力所造成的损失，定期维护的花费不值一提。

锦囊妙计

保持主动性当然需要耐心。为了实现一个目标，你必须要综合考量各个途径和方案，独立做出决定。被动性的反应则是由外部环境等因素引发的。

其实主动作为的最大阻碍很可能是恐惧心理，即害怕出现负面结果，包括被拒、失败甚至改变，这更说明一步步采取克服恐惧的行动十分重要。当我们克服恐惧时，便更乐于冒险、敢于创新、信心高昂、积极主动，这其实是一个良性循环。你越是积极主动，就越有信心和控制力，越是敢于冒险。

思考练习

❓ 你能回顾起近期自己无法主动作为，结果令自己后悔不已的事件吗？最后发生了什么？回顾这个经历时，你可能会如何改变自己的做法？

_____

_____

_____

如何提升主动性

我反复地阅读了史蒂芬·柯维的《高效能人士的七个习惯》，这本书的其中一个主题便是主动性，这七个习惯中的第一个便是保持主动，为自己的人生负责。维克多·弗兰克尔（纳粹大屠杀幸存者）[10]曾说，生命的意义可以通过三个价值来体现，即经验价值（通过经历体现自己的价值）、创造价值（通过创造体现自己的价值）和态度价值（通过对困境所采取的态度体现自己的价值），生命中最重要的是我们对于自己的经历做出的应对。主动性的基础是实事求是的态度和奋发有为的勇气。发挥主动性，要能够甄别自己可以左右和不可左右的因素。浪费精力于后者毫无意义，而若能全神贯注于前者，或许对于后者也能带来出人意料的影响！

主动性是一种习惯，但习惯是可以养成的，据说养成一个习惯需要21天。然而，通过很多人所立的新年志向可以发现，将一个做法坚持3天或5天都很难，更不要说21天了！似乎我们已经丢掉了坚持不懈的能力。想一下奥林匹克运动会，运动员们通常需要花好几年的工夫来完善自己的技巧，提升一项极为细微的能力，然后才上场竞技。他们当然相信自己的能力，以及在面对困境时的韧性和赢得胜利的机会，所以才一次次地努力。任何想要开发自己主动性的人，都可以学习奥运会选手的风范、态度、毅力、严谨和调节心理的能力。你的目标越是明确，对于实现目标抱持越多热情，便越有动力实现目标。我们只有在重视一种习惯时，才能真正养成这个习惯。

像奥运会选手一样思考。

如果想提高主动性，必须要在自己愿意付出的领域为自己设立目标，还需要付出时间来规划实现目标的步骤，然后步步为营。很多人根本不会坐下来好好规划自己的人生，也不会为每一年、每一月，甚至每一天设立目标。那些写待办事项清单和写日记的人比比皆是，但这与主动规划人生还很不一样。主动性有其长期的一面，所以需要我们设立目标，管理人生。

而我们如何应对当下环境、过好眼前的生活，便是短期主动性的一面。

请记住：

长期主动性策略：你需要对机会保持开放性，预料到可能出现的问题，未雨绸缪，迎难而上，坚持不懈，不断攻坚克难，掌握人生的主动权。还需要提升自知力，在工作和生活之间取得平衡，依靠自己的价值观和准则来做出决定。

短期主动性策略：重视当下可以做的小事，把握受到刺激和做出应对的时刻，在回复邮件之前深思熟虑，专注倾听，为自己留出时间，在回应盛气凌人的同事或领导之前深呼吸几次。

> 短期主动性即多用心、多反思、提升自我认知。

为了能够长期保持主动性，需要提升自己的前瞻性。这需要学习预判问题，认识事情发展的规律，但同时又不墨守成规地看待事物的未来走向。主动的人能够通过预先做好应对策略，在问题出现之前便"先发制人"。

如何培养自己的前瞻性：

预测： 学习预判问题和事件，用心了解事情的发生机制，充分研读说明文本，对自己的先见提出疑问，探索事物发展规律。在预测未来的结果时充分发挥想象力，避免守株待兔。主动的人总是在枕戈待旦，对事情的不同未来动向能有所掌握。

预防： 主动的人能够预测潜在的问题（却不会因此消极），并在这些问题对自己形成障碍之前努力将其解决，所以他们能够避免在别人看来是无法避免的困难。不要被自己的无力感吓到，当挑战来临时，迎难而上，不被挑战打倒。

计划： 为未来做好打算。人无远虑，必有近忧，要未雨绸缪，多问自己今天可以做什么来保障明天的成功，每一个决定都是主导命运的环节。

参与： 一个高度主动的人，会让自己广泛深入地参与到各项活动中，主动采取行动，解决问题。个人是整体的一环，会影响到他人，也会受到他人影响。不要只是让自己被动地对别人做出反应，主动与他人建立合作，让自己有所贡献。

表现： 必须要果断决绝，做出决定后立马行动，克服任何拖延的想法，对自己的决定和行动负起责任来，将自己的决定贯彻始终。如果你够主动，就能小心谨慎地采取行动，避免受环境刺激而意气用事。

教育的重要性

有研究证实，教育和培训对于提升主动性的帮助显而易见。[11]父母可以向孩子灌输主动性的重要性，如果孩子们想要积极地掌控自己的人生，就必须从小学会主动。当经历失败或面临困难时，家长应该指导孩子来认识失败和困难，采取什么行动应对失败和克服困难。孩子们还应该意识到，自己可以通过行动来影响环境，如果一个方法无法奏效，大可尝试其他方法。

思考一下

　　教会孩子从小就学会设立目标并努力实现目标固然重要，但如果成年人本身不做出表率，也很难教会孩子。要知道，任何能够体现进步的活动，比如学习一个运动项目或一种乐器，都会激励人更为主动。

　　孩子天生具有依据自己当下的感受和情绪做出反应的能力，所以应该从小学习如何提升主动性。当一个人对自己所遇到的困难念兹在兹时，这些困难便会打消人的意志，让人失去希望，也更加难以面对。青少年需要学习如何将心思专注于具体的个人目标上，为自己设立行动计划，列出具体的步骤并设定完成期限。父母和长辈则应该亲自做表率，向他们展示能够解决问题的思维方式。如果孩子们有一个好的榜样，这个榜样可以是父母、老师或者其他长辈，当他们看到榜样努力解决问题，而不过度抱怨或忧虑时，便会努力模仿这种注重改变的主动性心态。作为成年人，你可以以身作则帮助孩子为自己的人生负责，让自己不做环境的受害者，不怨天尤人，不消极被动。

　　我重点强调培训指导在培养主动性中的重要之处，这个重要之处在设立目标和通过行动实现目标以满足对他人的责任时尤为明显。这是因为，当人们没有面对他人和自己的责任感时，便很难主动起来。

　　训练和教授他人更具有主动性时，要重点强调两个方面：

　　1. 为自己的行为负责，不要期待让别人为自己代劳。

2. 全局观，即认识自己的改变能够对未来产生深远影响。

这两点都是可以教授的，也应该不断地积极练习。为自己的行为负责涉及几种情绪技能，教授起来并非特别容易，比如，由对失败的恐惧感造成的逃避性行为与对改变的抗拒性行为有着些许差别，鉴别起来并非轻而易举。

通向主动性的七个步骤

读者可以通过以下七个步骤来提升自己的长期和当下的主动能力，这些步骤可能会带来出人意料的良好效果，不妨记录下来自己的体验和收效。

1. 注意自己的表达

可以在一天之内保持高度注意力，留心自己和周围人的说话方式，比如，留意自己是不是经常听到"我也没什么办法"，"我不得不……"，或是"我也很难改变自己"，试着将其改为更为主动的说法，比如"我有不同的选项"，"我决定……"，或者"我可以改变策略看收效如何"。

_____

_____

_____

2. 形成主动的习惯

思考自己在什么情况下会表现得很被动或不会主动做出改变，可能是在职场中或个人生活中的情况，想一下自己可以采取哪些主动的应对措施？留意自己受到外界刺激和做出应对之间的空间，自发选择主动回应。

? 写下自己想到的情况和可以采取的主动做法：

_____

_____

_____

3. 发愤图强

思考自己当下的工作和家庭生活的情况，一切进展如自己所预期般顺利吗？有哪些方面需要我做出改变？如果我此刻想找一份工作，如何用自己的技能和经验找到令自己满意的、充满乐趣又回报丰厚的工作？如果一个方面进展不顺，可以专心于其他方面或者改换做法。如果一味地等待局面有所改变，无异于坐以待毙，应该努力主动探索机会，当机会出现时，奋力将其握住！

_____

_____

_____

4. 学习新事物

如果自己一直想尝试某项活动，现在就应该尝试！想要学习唱歌吗？去唱吧！想去一个充满特色的地方旅行？为贫困社区做志愿服务？学习烤面包？这些当然都是可以学得来、做得来的。如果你选择学习自己曾担心不可能学会的技能，并一步步地实现自己的学习目标，你的主动性会大幅提升！我个人很喜欢烤面包，但我曾经认为自己不可能学会，也不会享受学习这个技能的过程，但我还是主动地用心自学，虽然我是一个顾大局却缺乏细心的人，但我在学的时候还是努力专注细节、精益求精。特别好玩的是，烤面包本来对我来说是特别难的技艺，但现在大家竟然认为我是这方面的高手了！

? 我想体验什么新事物？

_____

_____

_____

? 如果此事物是一项技能，我可以如何学习这项技能？

_____

_____

_____

? 我最想去哪个国家？

_____

_____

_____

5. 在自己的社区内发起行动

在我刚搬到自己现在住的小城市时，我曾梦想着建立一个社区福音唱诗班，然后我决定将其付诸行动。虽然刚开始不断地遭人拒绝，我也担心这个梦想会破灭，但我还是选择在困难中前行。今天，我们的唱诗班有80多名成员，我们的活动给了我特别多的满足感。组织唱诗班虽然并非易事，但从自己创立的事业中所获得的成就感是无与伦比的。

读者可以积极寻找自己可以有所作为的机会。如果在社区内自己有特别想做的事，而且别人还没做，那就开始行动吧！不要说"为什么我来做"，告诉自己"为什么不是我来做"！

? 我可以发起什么行动？

_____

_____

_____

6. 迈出第一步，已经是成功的一半了

歌德曾说"勇气赋予你魔力和天赋"，他所指的是为了实现目标或梦想而迈出的第一步。不要只是做梦，弄清楚自己的目标是什么，然后着手实现目标，自己的目标是无法让别人来实现的。

实现你的抱负，非你莫属！

? 我现在可以开始为什么目标、梦想、项目、志向而迈出第一步了？

_____

_____

_____

? 我应迈出的第一步是什么？可能是做调查、打电话或问问题，读者可以在接下来的时间内确定至少三个自己可以做出的行动。

_____

_____

_____

? 除此之外，我还可以采取其他什么行动来实现这个目标？如果现在就能将这些行动写下来，就能大大提高自己付诸行动的可能性。

_____

_____

_____

7. 积极表率

试着让自己成为别人的启发者和典范，而不是对他人进行评判或者批评。要做解决问题的人，而不是成为问题的一部分，无论在自己的浪漫关系中、家庭生活中，还是工作场所中都应如此。无论是面对面，还是在线，下次参会或与人沟通时，不妨尝试采取这种态度。避免唉声叹气，也不要论人是非或指责埋怨，而是要把精力专注在真正可控的因素上，即你自己身上。

? 自己这样做了之后，带来了什么成效？

_____

_____

_____

具体案例

我们通过了解马克的生活来观察"主动性"这项技能。首先要对马克做一个简单的介绍，看一下他的人生历程。

关于马克

马克是一名大学生，学习媒体与艺术专业，他对于未来的职业还不甚清楚，也没有深入地去了解。他当下倒是很喜欢学媒体研究，他认为能够学习自己有浓厚兴趣的专业非常幸运。他学习勤奋努力，成绩优异，在同学中数一数二。他的沟通能力也很强，不论是做现场报告、管理团队项目或准备汇报，他都信手拈来。他课余的社交生活也很活跃，能够充分利用学生生活给自己带来的便利。此外，他与自己的女朋友、家人关系也很亲密，生活一切都好。他有些许工作经验，但并不丰富，如今暑假即将到来，暂时没有任何特别的计划，届时可能会在当地的超市打打工，然后拿自己挣的钱去旅游。他知道，如今的就业市场竞争非常激烈，但他对自己还是很有信心的，毕竟自己人缘很好，所负责的各种工作和团队项目备受赞誉，所以他觉得自己毕业后找到好工作没什么问题，因此，他暂时并不太着急在简历上花太多工夫。他现在与人合租一间公寓，但他父母说了，他毕业后可以随时回家住，当下经济环境不太好，他也不必着急搬出去。

我们看一下马克的一天，思考他如何通过培养主动性来提升自己。

马克的一天

马克马上读完大二，他今天没有课，所以起床比较晚。起床之后，他去找女朋友，两人一边喝咖啡，一边商量周末做什么。他中午去了图书馆，完成了自己要交的一篇论文。他本想准备明年毕业论文的研究课题，但觉得暂时搁在一边也没关系，夏天肯定能够想出一个好的题目。下午，马克参加了一场有关大学生学费的辩论会，他在学费涨价之前就入学了，十分幸运。学费上涨，对他本身并没有影响，但他依然力挺针对此议题举行辩论。之后，他参加了一场研讨会，这场研讨会与本周之前的一节课程内容相关，他在研讨会上积极发言。会后，他踱步到了学生娱乐中心，与几个朋友见面聊了聊各自夏天的打算，一聊就到了傍晚，然后他又和朋友一起吃了饭，在学生娱乐中心打了一会儿台球，喝了几杯酒，悠闲自在。

马克到底怎么了？

表面看来马克是个很棒的年轻人，很可能确实如此，但其实他已经陷入麻烦了。他现在的心态很放松，很积极，对于行将到来的改变毫无预料，认为自己已经为进入就业市场做好了准备，但事实远非如此：如果没有经验，媒体行业的工作很难找到。几年前，马克确实可以凭借个人魅力、优秀的成绩和浓厚的兴趣找到工作，但这些在今天的就业环境中已经不够了。马克诚然并非被动的人，但他还是给人一种懒散且没有责任心和方向感的印象。他性格好，人缘好，聪明好学，很有潜质，但同时，他有些不思进取。

马克的父母允许他毕业后可以搬回家来，这其实是在给他帮倒忙，会更让人觉得"现在的就业市场很不景气，没什么工作机会了"。他们看到朋友的孩子们毕业后搬回来与父母住，他们也是出于对孩子的关怀便做此承诺，但他们不知道的是，就业市场竞争激烈，不代表没有工作机会。

有一天，马克在学校里参加了一场有关提升个人竞争力软技能的讲座，他觉得自己的软技能很出色，对此也很好奇。

如果马克能够努力在生活中运用主动性，会给自己带来什么改变？半年之后，我们再来看看马克的一天。

马克的人生转变

马克现在读大学最后一年了，他夏天没有去旅行，而是花大半时间做了兼职，所以挣了些钱。尽管他没有学生贷款，但他觉得这些钱还是能在他毕业之后派上用场。他其实并不想毕业之后搬回家和父母同住，所以他挣钱时动力十足。他还通过在一家知名的媒体公司实习积累了些工作经验，尽管这个实习工作仅有两周，工作内容比较琐碎，也没有报酬，但他还是通过此经历积累了不少软技能，他决定好好利用这些技能，将其添加到自己的简历上。尽管有时这个工作并不让他完全满意，但他在实习中态度积极、勤奋努力，工作成效超出了预期，给这家公司的人留下了非常好的印象，他算是已经开始积累自己的职场人脉了。

今天，他一大早就起床开始忙自己的毕业论文了。虽然他实习的公司并没有向他承诺正式入职的机会，但他还是主动问他们是否有需要帮手的项目，他可以将自己的贡献写入论文中，这个机会让他对于做好毕业论文更有信心了。毕业论文是一个大项目，但马克把它分成了很多小份，详细地规划了自己在每个星期内可以取得的进展，而非等到最后一周才临时抱佛脚。他打算年后把自己的调查结果和研究结论汇报给那家公司，他当然希望自己能在这家公司得到一个稳定的工作机会，即便得不到，他的毕业论文课题如今很热门，他也可以凭其找到一份工作。因为现在是马克大学的最后一年了，他便一边努力学习，一边寻找可以在晚上和周末工作的机会。有公司对他有兴趣，他就与这些公司保持联系。他的表达能力出色，有机会就争取与这些公司的人见面。他很清楚，只是发邮件不能给自己挣来工作机会。马克如今在悉心盘算毕业之后的人生，为此还将自己的房租一直延长到毕业半年之后。

这天晚上，他和女朋友出去吃饭，她鼓励马克成立一个辩论社团，为其他学生提供积极表现的机会，马克表示认同。辩论社团成立伊始，运作起来并不容易，但马克会很认真地思索自己的追求，将一切规划得头头是道。

通过马克的例子，我们看到了主动性的重要之处。一个人即便表现已经够好，也要不断地保持主动，以让自己不断进步，让生命更加丰富。这是在人生中不断乘风破浪的唯一方法。

第 **7** 章

韧性

成功就是从失败到失败，也依然不改热情。

——温斯顿·丘吉尔

　　当你感觉全世界都在与自己为敌时，是迎难而上还是就此消沉？是勇敢回击还是得过且过？我们都见过那些在其生命历程中克服了几乎不可能克服的困难的人，他们在面对挑战时百折不挠，能够毫无损伤地从逆境中走出来。他们能够启迪我们自问："当遭遇同样的困境时，我会这么强大吗？"同时，我们也遇到过那些只要在生活中遭遇不顺便会立马垮掉的人，他们似乎无论如何都无法扛起困难，遭遇不顺后就会一蹶不振。

　　要能坚强地承受压力、面对挫折、应对改变和挑战、在失败后重新振作，我们需要具备韧性。韧性在一个人身上不是一成不变的能力，而是可以通过努力得以提升的。研究表明，具备高度坚韧品格的人情绪稳定性更高，对生活充满感激，在人生中更有使命感，也更加无私。显而易见，韧性和幸福感有着密切的关系。

　　坚韧的人具有明确的目标，他们的目标便是使他们重新振作、迎难而上的源动力，让他们不会轻易放弃。他们对于自己的能力了然于胸，有足够的信念依靠自己来完成使命，哪怕是孤军奋战！而当他们需要帮助时，也会果断地提出请求。总之，他们对于事物的预期很有分寸，明白什么可期待，什么不可能成真。

什么是韧性?

在生活中遭遇挫折时,坚韧的人能够东山再起。

韧性在大脑中其实是有其生理基础的,大脑中的"适应性生存机制"会控制我们的适应性行为、策略和技能,这说明一些人可能天生便具有高度的韧性,能够从容地应对人生的挫折(包括早年所经历的负面事件)。当然,这也说明韧性并不是一项"平均分配"的能力,有些人要么因为没有遗传基础,要么因为在其生活环境中缺乏支持力量而不够坚韧。

总体来说,一个人的韧性是由3项因素所决定的:

此人的性格和个人特质。韧性是我们天生性格中的一部分,所以我们发现有些人应对挫折的能力远胜过其他人。韧性在性格中的具体表现包括:一个人对人生的掌控感、毅力、情感意识、乐观心态、思考视角、幽默感、自信度和解决问题的能力。[1]

这些当然都是我们可以培养和提升的品质。

所处的环境。韧性可以通过一个人的经历和对外部环境的应对方式体现出来,因此,我们所处环境中的外部因素也能够决定我们有多坚韧,我们能够从家庭和社会中获得支持便是一个重要因素。[2]

个人与环境。一个人的坚韧程度是由自己的性格,以及家庭、同侪和社会环境共同塑造[3],即上面所提的两类因素。如果一个人既具有高度坚韧的性格,又有强大的环境支持,在其人生中便更有能力面对挫折和困难。所以,若想提升韧性,这些因素都是可以改进的着力点。

思考一下

　　在你心目中，谁是坚韧的人？（可以是朋友、亲人或是知名人士。）

_____

_____

_____

你可能会发现，这些人有着以下共同特点：

◇ 有明确专注的目标，不断地主动朝自己的目标迈进。

◇ 有高度的自我认知，对自己的优缺点心知肚明。

◇ 能够积极而灵活地面对负面事件。

◇ 敢于冒险，能够从错误中学习。

◇ 有明确驱动自己的价值观，在人生中怀揣使命。

◇ 常常反省自己，会审慎地评估环境和经历。

◇ 无论在生活中还是在工作中，身边都有强大的支持网络。

其实我们也可以通过经历逆境提升自己的韧性。我们都见过那些在成长中经历坎坷却依然功成名就的强者，也见过在困难面前不堪一击的弱者。二者之间的天壤之别是由前文所提到的性格和环境双重因素共同造成的。一个人是否身处合适的环境，能否培养良好的性格，决定了此人韧性的强弱。

我相信我天生就是一个坚韧的人，与此同时，我在成长过程中所经历的困境提升了我的韧性，这些困境包括断断续续的学生生涯，我在20多岁时成了单亲妈妈，同时还要兼顾学业，但我此前从来没有特别系统地学习过数学，这导致我对数字心生抵触，让我在30多岁时想进自己特别中意的商学院时特别困难。事实上，我也确实因为数学不好两次申请失败了。当时，负责我申请项目的财务官员还亲自打电话劝我申请其他学校。可能大多数人会就此认命，但我当时相信自己能够学习一些基础的数学技能以通过考试，毕竟我在其他科目上考得十分出色。于是，我决定再申请一次，其实这并不是他们的常规录取程序，但他们还是决定再给我一次机会。家教用了半个月的时间教授我本该在18岁时就要学习的A-Level测试数学技能，后来我竟然真的通过了考试，成功被克兰菲尔德大学录取。在克兰菲尔德的第2年，我选修了金融课，并且我的表现不落人后，让那位财务官员亲口承认自己低估了我。从这个个人经历中可以看出，我的韧性改变了我的命运。

　　一些人天生就坚韧不拔，但我们后天仍然可以通过历练来提升自己的韧性，不过，这并不是说我们非要刻意寻求逆境来塑造韧性。

　　我们的确可以在逆境中锻炼韧性。一项探索人们坚韧程度与经济衰退之间的关系的研究发现，在经济发展状况最糟糕的时候，人们反而是最坚韧的，不会被经济前景的不确定性和社会的风云变幻所打倒。[4]这证明，我们对于困境的应对能力要远超自己的认知。

　　无论遭遇多少困难，坚韧的人会将困难视作自己要面对的挑战，并会通过行动努力应对这些挑战。他们对于人生整体的和完成某个计划时具体的挫折和挑战习以为常，他们会沉着应对挑战，不消极被动。挫折能够让我们冒险、学习、成长，人生中有无数可以磨炼自己韧性的机会，我们潜在的韧性也远超自己的想象。挫折是人生的一部分，谁的人生都不是一帆风顺的。我们常常拒绝面对挫折，浪费精力在自欺欺人、愤怒不满和向家人或朋友抱怨上。在经历挫折时，有些许消极情绪是完全正常的，但切不可让情绪长时间挟持自己。坚韧的人在遇到挫折时能够迅速将情绪化为行动，而这种做法的第一步便是接受挫折。

> 接受挫折，拥抱挫折，从挫折中发掘机遇。

乐观的心态与韧性有极强的关系，乐观的心态让我们尽可能地专注在自己的优点和成就上，并选择从积极的角度来研判自己所面对的情况。我在此刻意使用"选择"这个词，因为我们确实能够主观地选择让自己绞尽脑汁、费尽心思的对象，这个选择的能力，以及从逆境中学习的能力，都是由我们对挫败和困难的解读所决定的。你可以将其解读为由自己的选择所造成的，也可以解读为由别人所造成的。有两种典型应对困境的方式，且都与乐观心态和积极的心理有关（参见关于"乐观"的一章）：第一种是批判而客观地看待境遇，第二种是将境遇视作自己的问题。举例说明，假如你在某个项目或工作上付出了很多心血，结果却不尽人意，对此，你的反应可能是"我最近压力很大，睡眠不好，尽管我确实尽力了，但我知道，自己根本没能专注，导致自己没有表现出最佳水平，"这便是批评而客观的态度。采用第二种方式的人会告诉自己："我之所以做得不好，就是因为我根本不擅长做这个，我压根不是做这种项目的人"。积极心理学将第一种态度视作对待逆境的正确方式，而一个人越是将逆境视作自己的问题，便越难从逆境中绝地求生，因为第二种态度暗示了一种不可改变、顽固不化的心态，而当你说"我本来就不擅长这种工作"时，可能是对的，但也有可能是错的。

思考一下

直面恐惧。我们习惯逃避令自己不适的事物，但如果你不能直面恐惧，人生会因之而受限，永远无法超越自己的瓶颈。不妨将恐惧视作自己的朋友，好好地认识这个朋友，将其视作一个提升可以应对挑战的能力的机会。

拥抱改变。拥抱改变并非易事，但改变从来都是不可避免的，为什么还要抗拒改变？为了提升韧性，我们必须认识到，自己虽无法对外部环境的一切因素掌握自如，却可以控制自己对于这些因素的反应态度。不妨大胆地面对困难，对最终的结果保持乐观。

接受脆弱。韧性有时会体现在身处困难时对于自身脆弱的接受。如果读者和我一样性格偏内向的话，可能会惯于避开那些和自己观点不一致的人，但我们也可以充分利用自己的倾听技能，全神贯注地聆听别人，借鉴与自己不同的看法来充实自己的见解。

大胆犯错。你越是敢于犯错，便越是坚韧。犯错有时就是要勇敢地冒险，大胆地担负起一个新项目，承接一个新报告，欣然接受各种机会。你当然会犯错，但犯错时正是学习和进步的最佳时机。

锻炼自己的韧性就像锻炼肌肉一样，你越是有意识地付诸行动，你的能力便越强大。其实，锻炼身体和意志的韧性也有密切关系，这个关系可能是由锻炼时体内产生的内啡肽造成的，也可能是由强壮的身体带来的，或者是由二者共同影响的。如果我们相信身体和心理之间存在关系，那么锻炼身体、保持健康、提升力量也能增强自己的坚韧度。锻炼身体对于生理和心理健康都有益处，因为强健的身体能够帮助我们更好地适应外部环境。因此，到健身房锻炼身体的好处比我们想象得还要多，不过，我们也可以通过散步、游泳、打高尔夫、潜水等任何能让身体保持活动的方式来锻炼身体。

正念力对提升韧性的作用：大量研究发掘了正念练习对于锻炼韧性的效用，这些效用包括——

◇通过有效地管理压力，使我们能够应对负面想法。

◇心绪镇静、思路清晰地看大局。

◇正念力让我们专注当下，实实在在地面对真实的存在。

◇激励我们接受一切。

◇提升自我认知。

◇避免陷入消极悲观的念头中。

◇使自己慢下来，让自己步步为营。

◇鼓励自己心境平和地进行自我反思。

正念力还可以运用在生活的一举一动中，比如在品茶时放下手机，全神贯注。

知其不可为而为之。

——中国古代教育家、思想家孔子

韧性的必要性

韧性能够帮你有力地应对挑战和改变，当你面对人生中的一切都能够泰然自若时，幸福感和自信心自然也水涨船高。在面对风险和失败时，韧性让我们更加沉着淡定，及时从风险和失败中吸取经验与教训，并能从容地接受现实，为自己打造一个更加美好的未来。

如果你不幸失业，便很难承受得起一味消沉所带来的损失，而韧性此时至关重要。在当今这个风云诡谲的时代，我们必须要敢于尝试新事物，敢于去到自己从未到过，甚至别人也不曾到过的地方。追求稳定也许更容易，也更舒适，可是却无法给你带来任何进步；铤而走险、尝试新事物当然会让你犯错，但你的韧性也正体现在自己面对错误的态度中：犯错难以避免，关键是从错误中学习，并在今后避免重复犯错。

> **大胆地让美好的事物逝去，这样你可以拥有更美好的事物。**

我还认为，一个人的韧性可以让自己为应对困难做好准备。在今天的社会中要取得成功，就要敢于承担风险。就在几年前，我丈夫毅然辞掉了自己的工作，他察觉到自己职业的前景不明朗，便决定提早准备。其实他的工作本来进展得很顺利，但他认识到，自己所在公司的性质和职场文化对于自己的长远发展并没有任何助益。于是，他决定和一位自己信任的朋友合作，建立并经营一家小型咨询公司，他这样做当然是冒着风险的，但是也可能带来更丰厚的情感和金钱上的回报，并且能够让他在工作和生活之间取得更多平衡。这个转变还让他有机会充分表现自己的能力，提升了自我，锻炼了技能，对他来说，这是一个令人激动的改变，这也是他职业生涯迄今为止最成功的转变。目前，他一切进展顺利，尽管未来会面对更多挑战，但他对自己的决定十分满意。保持韧性也包括对机遇保持灵敏的嗅觉，主动寻求机遇，在遭遇逆境和困难之前便采取行动，可以说，韧性的本质是掌控自己的人生。

建议

发现自己的思维错误：我们的大脑对外部情况有其固定的理解方式，但我们可以通过发现下列常见的思维错误来重新塑造大脑的思维方式。

◇极端心态，比如"这事每次都会发生在我身上"。

◇过于概括，比如"这事一直在发生"。

◇思维过滤，过度消极，比如"人人都在针对我"和"这可真的无药可救了"。

◇妄下结论，比如"他们肯定觉得我不行"。

◇妄自揣度，例如"他肯定觉得我有些邋遢"。

◇夸大其词，比如"这下可完了"。

◇情绪化的思辨，像"如果这事不成，我肯定就失败了"。

◇自怨自艾，比如"我要是当时……就好了"。

◇乱下标签，比如"我对技术方面的东西一窍不通"。

我们在工作坊中会利用这种练习来提升大家的自我认知，认识自己的此类思维模式。

我们不仅要提升自己的韧性，还要主动地构建正式的和非正式的、线上的和线下的人际支持网络，以便在面对职场和社会的变动时，可与他人同舟共济。我们看到，像领英等社交网站都有这种群组，大家可以在业余时间聚会喝酒或吃饭，借此增进联系、拓展人脉、推广自己。[5]真正坚韧的人无论在线下还是线上都有强大的支持网络。

锦囊妙计

为自己建立一个强大的社交和职场人际网络

你的圈子里都有谁？一定要确保自己有能够支持自己的朋友和亲人，在职场上，也必须要有自己能够信任的同仁、导师和榜样。有自己可以依靠的，并且也信任自己的牢固的人际圈极为重要，身处可靠的人身边让你更加敢于运用自己积极的成长手段（比如收集信息和解决问题），而不是被迫采用消极的应对机制（像逃避、否定）。

你的交际人脉中最重要的人有哪些？

_____

_____

_____

韧性在职场中的用途

当今的职场充满了压力，而坚韧的人则能够更加从容地应对这些压力。在面对繁重的工作，要不断地考虑各种因素时，韧性的重要性更加突出。

发挥自己的韧性，切不可消极被动，而要主动有所作为。坚韧的人，会想方设法使自己从容应对各种压力。

> 为什么有些人面对挑战和逆境能够越挫越勇，而另外一些人在同样的情况下会裹足不前，畏首畏尾？为什么有些人能够乘风破浪，另一些人则会被人生的激流轻易冲走？
>
> 很多人以为，一个人如果具有聪明才智，工作勤勤恳恳，经验丰富，就能够让自己在竞争激烈的职场中立于不败之地。但实际上，那些坚韧的人才能真正自如地应对频繁的机构重组、职位调整、公司裁员、截止期限、充满冲突的会议以及无休无止的激烈行业竞争。
>
> 尽管有些人看起来天生就很坚韧，但其他人也可以通过学习以提升自己面对困难、迎难而上的能力。（自信与身心健康中心，2006）。

以下是一些简单的在职场中提升自己韧性的方式：

把问题看作一个学习的过程。这可能是一个挑战，尤其是当你初来乍到或刚刚被调配到一个新职位上时，你可以把挑战视作掌握新技能、提升自知力和反思自我的机会。多向他人请教，问别人对自己的看法，保持开放的胸襟，把每一个经历转化为自己的财富，磨炼自己的心态，多多看到事物积极的一面，每天回顾自己的体验，问自己当天取得了什么成功和取得成功的原因。

不要让琐碎的压力过度影响自己。如果像班车迟到或邮箱爆满这些琐碎的日常压力因素都能够让自己乱了阵脚的话，那么压力很快就会积累到让我们喘不过气来，应当提升自己对各类事情的解读和反应能力。

为自己设立可实现的目标。 培养不断学习的习惯，一步步地朝向自己的目标迈进。积极的作为能够为自己带来掌控感和成就感。

分类处理自己的认知压力。 我们大脑在每一秒钟都会收到数百万字节的信息，但只能有效地处理其中的一小部分。虽然你无法控制涌入自己大脑的各类信息，但可以通过将各项任务分组归类来提升自己处理信息的效率，比如，你可以只在固定的时间来查看邮件，用一天中的大段时间来写材料，并在室外（包括散步时）开会。以我自己为例，我在写这本书时每天会专门花两到三个小时来写作，然后再处理邮件或与人会面，这样不但效率很高，还让我非常有掌控感。

毅力和韧性

韧性的一个关键因素是能够认认真真地长时间专注于某一项任务上。为什么有一些人难以坚持？因为坚持需要长久地保持努力和热情。如今，我们的热情很难持久，因为外面有太多诱惑和干扰了。便捷的科技和高速的节奏让我们急于求成，因此我们的热情难以持久。我们可以同时对各类项目跃跃欲试，却难以善始善终地完成一类。

韧性的另一个重要方面是心态。著名动机心理学研究专家卡罗尔·德韦克博士曾做过诸多关于具体成就与人生成功关联的研究。她发现，有些人的心态趋于固定化，他们认为自己的智力和天赋是一成不变的，还有一些人的心态是成长型的，他们相信自己可以通过付出努力来拓展自己的各项能力，而天赋只是一个起点而已。这种成长型心态能够促使人们通过学习提升自己，并凭借韧性来取得伟大成就。

锦囊妙计

培养自己的使命感

在人生中拥有明确的使命感，不仅可以使自己思维专注灵敏，还能够提升适应力。那些使命感强的人也更坚韧。如何找到自己的使命？首先可以积极地展望未来，然后为自己制作一个"人生梦想展板"来激励自己实现目标。拥有使命感能够让你更好地理解事情发生的原因，也能更从容地应对人生中的变化。

如何提升韧性

TED大会召集来自全球各地的科技产业、娱乐界和设计领域的卓越人士，就某一话题发表10到15分钟的演讲。[6]理查德·圣约翰在其精彩的TED演讲中主讲了"成功"这一话题，他提到了8个成功的因素，其中一个是要勇于面对"C.R.A.P."[7]。要取得真正的成功，无论是创业、重塑自我还是力图在竞争中脱颖而出，都必须要有效地应对这4个方面，具体如下：

批评。无论是冒险、把握机遇还是重塑自己，但凡有义无反顾的新作为，就要面对批评。你要谦虚诚实地面对批评，将其视作成长的机会。

拒绝。遭人拒绝是人生常事，如果在经历拒绝后不能重新振作，便会陷入麻烦。其实，一个人通常遭遇的拒绝越多，便越能在之后迅速从中走出来，所以，大胆地去尝试和冒险吧！

可恶之人。我们在生活的各个领域都会遇到小人，他们要么颐指气使，令人疲于应付，要么爱占便宜、长袖善舞。大家都有遇人不淑的时候，必须理智地面对这些人，在他们面前小心行事，但不要让他们影响自己。

压力。 如今人人面对各种压力，不断地赶着各个期限，必须要学会从容地面对压力，否则就会被压力击垮。

面对"C.R.A.P."，最好的方式是敢于直接面对，运用各种策略应对，而非浪费精力回避问题或任由其影响自己。这就像在拳击场上一样，如果你被击倒后不迅速起身，不很快就输了吗？如果要面对一个故意招惹你的人，有什么方式能够避免让对方破坏自己一天的好心情或带走自己的正能量呢？此时你还可以用到同理心，或是思考自己如何保证不在应付压力上花太多时间。

思考练习

思考自己最近正在执行的一个项目或正在努力的一项事业：

? 自己有没有遭受批评或非议？可以将自己可能遇到的批评写下来，如果想不到具体的，就设想一个老是跟自己唱反调的人（我们都有），此人可能会说些什么？

_____

_____

_____

? 现在想一下自己会如何面对批评。首先确定这些批评中有没有值得借鉴的建设性内容，如果有的话，就好好斟酌一番；如果没有的话，再思考一下自己应该对批评做出何种应对，写下自己的应对方法：

_____

_____

_____

? 你通常是如何应对拒绝的？有什么比较积极的应对方式？如果你的提议遭到否决，或有人不支持你的主意，你可以如何积极地做出应对？或许你会发现自己可能提议的时间点不太对，或许是疏忽了一些他们所重视的方面，或许你本来就与他们的文化或做事方式格格不入。你能够想出什么应对拒绝的积极态度？

_____

_____

_____

未雨绸缪

为什么有的人绝地求生的能力要强过其他人？我们设想一下，有两个人最近失业了，两人分别名叫杰克和凯尔，他们失业后一度萎靡不振，对未来感到迷茫，当下举棋不定。但几个星期后，杰克就重新振作起来，提醒自己如今经济不景气，但他自己仍是有用之才，于是他更新了自己的简历，并把简历发到几十家曾听说过的公司，结果还是被拒绝了。但他又继续联系了6家公司，这次他的态度更加审慎严谨了，结果他真的找到了工作。这个职位与他此前的工作岗位性质不同，但能够利用到自己的其他技能。

相比之下，凯尔却深感自己前途渺茫、毫无希望，他笃信自己之所以被炒掉，是因为自己无法顶着压力工作。现在，由于他害怕失败，便不敢继续找工作，心情郁闷，每天晚上借酒浇愁。他草草地修整了自己的简历，发送出去之后被拒绝了两次。他告诉自己，在如今残酷的经济环境下他的"竞争力不够"，不太可能再次找到工作。

> 只有那些敢于面对巨大失败的人，才能够真正取得辉煌的成就。
>
> ——美国前大法官罗伯特·肯尼迪

一个人从失败的阴影中走出来，努力让自己的人生重回正轨的速度，是由包括天生的性格特质以及当下或过去所拥有的外部支持共同决定的。就杰克来说，他可能天生就是比较坚韧的人，并且有亲人和朋友支持自己。而凯尔可能本来就不是特别坚韧，也没有来自亲人和朋友的支持，而且可能他的生活的其他方面也不甚顺利，导致自己在面对压力时更为脆弱。

即便是在没有经过人生历练的情况下，韧性也是可以提升的能力。我们无须反复地经历风风雨雨便能够提升自己的韧性。

读者可以尝试我们所设计的提升自我认识的练习，以此来了解自己惯常应对困境的方式，你可能会发现，自己要比想象的更为坚毅！

学会保持乐观

马丁·塞利格曼在其著作《持续的幸福》中说，提升自己抵御困境的能力关键在于培养乐观的心态。他通过研究发现，那些坚韧不拔、不轻言放弃的人，通常都将挫折视作暂时的且能够得以克服的，因此，人们都可以学会如何乐观地思考。

由简·吉勒姆博士和凯伦·莱维奇博士所设计的"宾夕法尼亚韧性项目"，别出心裁地编写了一套基于认知-行为理论服务青少年的课程。[8]

课程以角色扮演、讲故事和观看动画片的方式，向学员介绍有关韧性的各种概念。[9]学员利用各类能力应对和解决模拟现实生活的困境和问题，借此来将这些概念付诸实践。他们可以用到的能力包括表达自我、沟通谈判、做出决策、解决人际关系问题以及让自己放松。这个项目如今在澳大利亚和英国也广受欢迎，老师会通过培训来学习如何向孩子们传授韧性。除此之外，美国军方也专门设计了类似的训练，训练效果饱受赞誉。随着大家越来越重视韧性，以上提到的这类培训项目正变得越来越受重视。

案例研究——向英国国家医疗服务体系的医护人员教授韧性相关技能

我努力为一位病人清理呼吸道，但没有成功，然后又试了五种不同的方法来清理，结果还是不行，那位病人就死在了手术台上，然后我下班回家时还要像往常一样和家人互动。——一位麻醉师学员在培训时所设定的"韧性应用背景"

我们会向各类群体人士提供工作坊培训，每次培训都会不同，因为就适应力、批判思维、同理心、正直、乐观、主动性和韧性这七项能力的范围内而言，不同的受训群体会有不同的培训侧重点。通过为医疗界人士做培训，我们也有幸学到了不少东西，大大增长了见识。这些人每天都在面对生老病死，几乎没有时间来照顾自己，或是参加帮助他们提升自我的培训项目。对他们来说，提升韧性意味着有效地坚持工作，并努力在工作和生活之间取得一点平衡。

建议

当你处于困境时，不妨想一想：

半年之后，自己今天所经历的这些还重不重要？ 那些令我们当下很难受的经历，比如分歧、挫折、遭拒，半年之后可能早已被自己抛诸脑后了。换句话说，我们此时所面对的困难都是暂时的，认识到这一点对于保持乐观和坚韧至关重要。

如果将其从1到10量化的话，我们此刻的感受可以打几分？而明天或下周如果我再问自己同一个问题，答案是不是已经不一样了？ 通过这个简易练习，我们可以认识到自己的情绪和感受的暂时性。如果读者想深刻地认识这一点，可以用日记的形式来记录自己的心情变化，这可能是提升自我认知最便捷的方式之一了。

告诉自己"今日不顺，但明天可以重新再来"。 即便只是说出这句话来，就有很神奇的效果，而当你认识到这一点时，会意识到自我关照的重要性。

总结经验教训。 自己当下的感觉是不是似曾相识？当时的情况是怎样的？我是怎么克服困难的？现在能不能用同样的方法来让自己渡过难关？

提升自我认知

在写这本书过程中，我兴致盎然地了解到，有一个致力于帮助人们应对压力的培训项目，叫作"压力免疫训练"（SIT）。[10] 具体来说，SIT是一种认知行为心理疗法，用以提升人们的自信心，帮助他们应对由创伤引发的压力和焦虑。其方法为：一位治疗师帮助就诊者提升对激发压力感因素的认知，然后设计相应的应对策略，这些应对策略包括放松自己和深呼吸。这种韧性培训十分值得推广，因为它是通过帮助人们提升自我认知来实现的，而自我认知是任何行为改变的基础。有了自我认知，便能了解自己的优缺点，熟谙自己的行为规律。通过提升自我认知，你还能明白自己的压力感、怒气和烦恼的来源，并制定更好的应对策略，采取更理智的情绪反应，而非迁怒于人或被压力打倒。

提升自己的拼劲儿

大量证据表明，在青少年的成长过程中对其进行相关的教育干预能够提升他们的韧性。"拼劲儿"这个概念，在心理学上包括一个人对于实现长期目标所具有的毅力、热情，以及克服所遇到的障碍的内在动力（达克沃思等，2006）。[11]有拼劲儿的人更能够克服困难，驱使自己取得成功。拼劲儿和毅力、使命感、激情紧密相关，而如果我们急于求成，若一时不成便轻易放弃，便是没有拼劲儿的表现。

建议

如何培养自己的拼劲儿

1. 追求自己的兴趣。 首先要找到自己特别感兴趣的东西，此时大可不必苦思冥想，只要尝试不同的事物，然后看哪个最适合自己就好。

2. 熟能生巧。 你越擅长一类活动，便越会在上面投入更多时间，而你也可以通过努力克服自己的缺点来提升自己的能力。

3. 找到使命感。 一个单纯的"勤奋努力"的人和一个真正有拼劲儿的人的区别是，后者能够在自己的事业中找到使命感。

4. 保持希望。 你必须相信，一切都会变好，一切都可以通过自己的努力变好。研究证明，不抱持希望的人通常会逃避困难、提早放弃、敷衍了事。记住，若培养成长型的心态，必须认识到，一个人的能力不是一成不变的，不要对天赋过度执着，如果你足够努力，当然可以变得更聪明、更强大。

掌控人生

一个人的坚韧程度会决定他是否能够从容驾驭人生，掌控自己的抉择。只可惜，我们所信奉的一些负面信条（比如本章前面所提到的"极端心态"）会不断地拖我们的后腿，削弱我们对人生的掌控感。而坚韧的人会笃信自己能够奋发有为、马到功成。

建议

以下是六种典型的"拖累自我"的心态，如果你发现自己也有这类心态，可以对其加以防备：

1. 我在自己的人生中是一个受害者。 一个人的过去确实会影响自己后来的人生，但这不应是拒绝提升自己，拒绝做出积极改变的借口。

2. 任务太过艰巨，不值得付出。 人生选择五花八门，你要充分高效利用自己有限的精力，但当你发现自己的可选项太多时，却不知道自己应该选择哪一条路，心理学家称这种现象为"积聚效应"，描述的是人因所面对的各类情况的重大性和复杂性而陷入绝望的心理状态。当身处这种状态时，我们应该将问题分解为可应对的小份，确定其中应该优先处理的部分，然后按优先次序逐步处理。我们一旦投入行动，便立即能获得掌控感和积极的心态。

3. 一切都无法重来。 有时确实如此，但有时未必。有一些情况连经验丰富的专家都无法断定该做何抉择，这时便需要"摸着石头过河"，敢于犯错误、敢于冒险，并积极地从错误中学习。

4. 凡事都有唯一正确的答案。 专家们奢望通过钻研数据便得到放之四海而皆准的答案，但真实世界却与之相去甚远。分析数据本应该是实践行动的前奏，不应替代行动。

5. 孤立无援。 我们常误认为自己一个人扛着所有困难，必须独自栉风沐雨，孤军奋战。然而，常言道"将问题诉说给另一个人便等于将问题减半"，能够向他人诉说自己的困境其实是勇敢而非懦弱的表现。

6. 上天太不公平了。 心理医生说，犯罪者能够比受害者更快地从其罪行所造成的心理阴影中走出来。从更广泛的意义上来说，如果你相信自己是造成问题的人，便更有动力去解决问题；而如果你本身是问题的受害者，便不易从其不公平中释怀，并且很难让自己动手去解决问题。

我们可以通过转换思维角度来克服以上这些拖累自我的心态，当自己陷入这些心态时要立即警醒自己，努力让自己看到问题的积极面。

通向韧性的七个步骤

　　每个人都可以培养自己的韧性。以下七个步骤致力于帮助读者建立自己的"减震机制"，让自己无论是在情感上、心理上或者身体上都更加强大。读者可以在自己的下次会议上或对话中尝试这些建议，如果能够将自己的经历和体会记录下来，便更能事半功倍。

1. 转换思维

　　思考一下自己现在正面对的困难，问自己以下问题：

　　人生之路难免会有挑战、失败和逆境。在詹姆斯·泰勒所唱的《爱洒人间》这首歌中，我最喜欢的一句歌词是"每一个生命都会经历风雨"。然而，无论如何，我们都可以决定自己在面对风雨时的所思所感与所作所为。虽然有时这并非易事，但我们都能够调整自己的心态，一个人越努力发掘自己调整心态的潜能，越能成长为坚韧的人。

? 我能从这段经历中学到什么？

_____

_____

_____

? 面对这种处境，我应该做的最紧要的事是什么？

_____

_____

_____

? 我可以从其他什么角度来看待自己目前的处境?

_____

_____

_____

? 我如何能够创造柳暗花明般的转机?

_____

_____

_____

我们所思考的问题越能直中要害,所得到的答案便越有利于缓解自己的处境。问正确的问题,可以帮我们获得看待事情的正确角度。人人都应该对此加以重视,并付诸行动。

总之,在做出决定和采取行动之前,我们都应该深思熟虑。

2. 学习如何应对压力

心理学界普遍认为,一定程度内的压力能够激发人的潜能,而超过此程度,压力便会弱化人的能力。高度坚韧的人有更高的压力承受程度,当遭遇行将击垮自己的压力时,他们懂得该如何应对。每个人的压力都不尽相同,所以要提升自己的韧性,必须要确定自己的压力源,学会如何对其加以应对。可以在日常生活中多加留意自己的敏感之处,当明白自己在什么情况下会对压力更敏感时,便可以为自己设置"三思"的空间和时间。

? 我的压力触发因素有哪些? (提示:我们的压力源可能常发生在一天中的固定时间,可能是自己忙碌不堪时,也可能是面

对艰巨任务的时候。)

_____

_____

_____

? 当我身负压力时会有哪些习惯性的应对方式？

_____

_____

_____

有些人格特质能够影响对个体压力的敏感程度。以下是一个行为模式清单，读者如果发现自己常陷入其中所列的行为，便可以尝试控制自己，克服这些倾向：

◇ 对人展示敌意。

◇ 隐藏自己的感受。

◇ 无法倾听别人。

◇ 高度的完美主义情结。

◇ 难以放松。

◇ 惯于批评他人。

我们应对压力的方法可以归为两类：分散注意力型和解决问题型。

分散注意力型的方法包括运动、深呼吸、踱步、让自己暂时从局势中脱离出来，而解决问题型的方法则致力于克服造成压力的因素。

3. 认识自己的优点，信任自己，把握机会发挥优势

如果你还不清楚自己擅长什么，可以通过尝试新事物去发现，找出自己的优点，用文字将其描述出来，再反思自己在工作和生活中是否充分发挥了这些技能。世界上最值得了解的人当然是自己！

? 我个人的"看家本领"是什么？

提示：从以下方面考虑：
◇ 解决问题的能力。
◇ 人际交往。
◇ 决心与毅力。

_____

_____

_____

? 我如何能进一步提升和利用这些长处？

_____

_____

_____

? 我应该怎么弥补自己的不足之处？

_____

_____

_____

? 哪些人可以帮助我提升自己？

_____

4. 养成高度主动的习惯

一个主动的人能够通过行动捷足先登。他们能够积极地向他人寻求帮助，适时做出改变（就像我丈夫那样），从错误中吸取教训或改换策略，为逆境做好充分准备。若要提升主动性，还要努力将自己的精力专注在自己可控的因素之上，其中就包括思想和行动。尝试从正面角度来解读自己的经历，努力通过积极的行动来改善自己的处境。

? 关于自己，我有没有想改变的一些方面？我的生活中有没有什么常令自己担忧？

? 这些问题的积极面是什么？

? 我能够采取什么积极的行动来做出改变？

5. 关照自己

这意味着要重视自己的身心健康，保证充足的睡眠，努力在工作和生活之间取得平衡，按时运动。也可以进行能够提升身体承受力和灵敏度的按摩和针灸，要知道，身体和头脑有着紧密的关系。另外，还应该保证自己饮食的营养平衡，可以练习冥想和瑜伽。前驻伊拉克多国部队总司令、三角洲部队功勋战将凯西将军曾说："一个人心理健康的关键因素在于他身心的韧性。"换句话说，身体健康与心理健康是相辅相成的。

读者可以回顾有关"同理心"一章中的自我关照练习。

? 我的睡眠质量如何？我如何保证自己有规律的睡眠和充足的休息？

? 我定时运动吗？如果没有，我如何能够在平时生活中增加一些简易的运动？（比如多走路，走楼梯而非乘电梯，下班之后去游泳）

? 我如何养成让自己放松和反思的习惯？

_____

_____

_____

6. 管理冲突

当我们与他人的观点不一致时，便有可能导致冲突，我们每天都在面对冲突。有效而建设性地管理冲突也是坚韧的体现，需考虑冲突的性质和与自己有冲突的人的情况，然后以适当的方式解决冲突。下面的"冲突解决样板"为大家列举了具体的冲突情况和可行的解决方法。

问题的本质	解决方法
尽管我恼羞成怒，但其实并不是什么大问题	将冲突忘怀
我的提议比对方的更好，但对方的提议也并非一无是处	不应该因此发生冲突，应该表现自己的变通性
问题事关重大，需要深思熟虑，我的立场很坚定，但对方也是如此	积极坦率地沟通与倾听，精诚合作，努力找到双方都可以接受的提议
我坚信自己的看法是正确的，对方的看法是错误的	利用自己的影响力和表达能力使别人信服，充分而诚实地阐述自己提议的必要性，但切不可伤害彼此之间的关系

7. 敢于冒险

勇敢地冒险吧！在这个瞬息万变的时代中，风险最大的做法便是安于现状、丝毫不敢冒险。读者可能还记得金·凯瑞主演的《好好先生》这部电影，男主角一直过于小心谨慎，结果落得孤苦伶仃、落魄不堪，于是他痛定思痛，决心勇敢地面对所有风雨，结果人生就出现了积极的转变。

下次机遇来临时，不要犹豫，积极地把握，看接下来会发生什么！

提示：敢于冒险其实也是一项可以学习的能力，自己可以通过冒险来提升自信心，首先可以尝试一些风险较低的做法，比如改变自己的上班路径，接受别人一同喝咖啡的邀约，接着一步步提升自己的胆量。读者可以将冒险纳入自己每天和每周的日程规划中，渐渐地便能适时做出更为果决勇敢的举动。

? 接下来的一周中我能不能做什么低风险的勇敢之举？

? 我还能做出什么更大的冒险之举？比如，可以申请承担一个新项目，包揽一项新任务，或主动约自己喜欢的人。

具体案例

本章最后，我们通过了解安德鲁的生活来分析韧性的作用。首先，我们通过安德鲁的简介来了解一下他的人生。

关于安德鲁

安德鲁年近60岁，快到退休的年龄了，但由于他的退休金不够自己养老，很可能得继续工作。他是一个金融分析师，任职于一家大公司，近年，他的工作越来越难做，接手的项目期限越来越短，各项目却很少有重复性。公司近来做出了一些裁员的举动，所发的分红也时有时无。所幸，安德鲁早年赚了不少钱，并且都存了下来。在公司绩效好的时候，还曾为他配了一位专属秘书，但最近这个职位也被削减了，而且他也不能像往日一样乘商务舱出国出差了。

安德鲁有自己的家庭，他的妻子在自己的领域也小有成就，孩子均已成人，唯独他们刚毕业的小儿子由于没有找到工作，最近搬回家来住了。他们老两口还有3个孙子孙女，孩子们经常来他们家，他们住在一个繁华的大城市中。

安德鲁通常平易近人，只是偶尔容易陷入焦虑，会对人过于恭顺听从。他在工作上兢兢业业，业余也有自己的交际圈，主要是他们夫妻二人常年的共同朋友。他对戏剧、名酒和烹饪感兴趣，却极少有时间发展这些爱好。他还极少有时间运动，由于工作上常有压力，睡眠质量也不甚理想。

我们仔细观察安德鲁一天的生活，探讨他如何通过培养韧性来提升自己的人生。

安德鲁的一天

安德鲁早上7点起床，然后搭公车去上班。他早上常常匆匆忙忙的，也不觉得饿，就直接把早餐略过了。到了车站后，他会点一杯卡布奇诺，但交通早高峰时间的车站太拥挤了，他一不小心把咖啡洒在了西装上，这让他很恼火。

到公司后，他开始忙最近和团队年轻成员一同负责的项目，项目成果令人期待。他们重视使用社交媒体，通过在上面的宣传来获得新的业务项目，他的团队成员充满朝气又足智多谋。安德鲁自己不太懂社交媒体，并且觉得自己肯定也学不会，索性将其完全忽略了。每天他的邮箱都爆满，让他无暇顾及其他。有时，看到团队成员饱满的干劲，他觉得自己行动有些迟缓，甚至不中用了，尽管他还是可以有诸多贡献的。

他在早上通常要参加一连串会议，接打无数电话，一不留神就到了中午，他到外面匆匆买了一个三明治。他手上还有很多工作要处理，所以吃完就立刻回到工作岗位上，但他回到工位上后会莫名觉得有些泄气，结果整个下午的工作效率都很低下。当他走到饮水机旁接水时，正好遇到他的领导，他觉得自己对项目的进度掌握得不够好，便担心领导觉得他不够尽职。但其实他的领导也很忙，此刻根本没时间和他交流。

安德鲁决定晚上加班来弥补下午浪费的时间，他处理了收件箱里的邮件，然后发现他的团队在公司内部网上设立了一个讨论组，用来商讨如何提升公司的社交媒体营销策略。对于应不应该加入这个讨论，安德鲁犹豫了一下，但很快决定，这类工作最好还是留给年轻人来做。

他晚上回家有些晚，太太把之前做的饭给他热了一下，两人喝了杯酒，聊了会儿天便休息了。安德鲁有些难以入眠，他不停地思考白天的工作，觉得自己有些方面做得令人不甚满意。

安德鲁到底怎么了？

表面看起来，安德鲁的生活平平静静的，一切都平平稳稳。他有一份稳定的工作，没出现什么大问题。韧性对他来说有必要吗？当然有必要！他现在有可能在工作上拖后腿，也没有未雨绸缪，为可能到来的逆境做任何准备，更没有培养自己的韧性，以防失业这样的事情发生，因此在工作上表现得很被动。他任职的公司在削减成本，而且陷入了债务麻烦，在未来一般时间内都不会增加员工分红。他没给公司带来获利特别大的业务，并且仍然对社交媒体特别陌生。他此时当然有压力，但自己对待压力的方式并不那么理想，在自我关照方面尤为疏忽——不按时吃饭，所吃的东西也不新鲜，极少运动，睡眠不佳。常会有人省掉午餐或深夜加班，然后自我安慰，称此为"废寝忘食"，但问题是，在这种状态下，他们的工作效率真的会高吗？另外，人处在压力之下时，还会误认为别人针对自己，就像安德鲁在饮水机旁遇到领导时的情况。当然，这也是由于他暗地里认识到自己的表现不令人满意。他没为公司带来什么重大的项目，也没贡献什么点子。

他对通过参加团队的在线讨论群来了解社交媒体不以为意，但其实他完全可以借机来提升自己。他之所以对公司的业务贡献寥寥，是因为他觉着自己"过气"了。虽然他常晚上加班，但其实并没能明显提升当天的工作绩效。

如果安德鲁能够努力提升自己的韧性，会出现什么样的转变？半年之后我们重访他。

安德鲁人生的转变

如今的安德鲁重视照顾自己，整个人更加健康了。他在上班时会走一段路，一定确保自己吃上早餐，哪怕只是一根香蕉或穆兹利棒。他现在还会主动错开早上的交通高峰，由于公司现在提倡灵活的工作时间，他便选择在家花一个小时来查收邮件，回复完邮件再去上班，便不用再被迫在人潮中挤来挤去了。他发现这样做，自己的工作效率明显提升了。这样还激励他更进一步发展，定期与领导会面讨论新的项目和创意，他还对自己的工作有了更清晰明了的规划。他花了一些时间认真思考自己的生活和今后对工作的打算，不再固执地排斥社交媒体，决定自己也要将其利用起来。此时恰逢公司也在各类行业平台上努力扩大自己的影响力，所以安德鲁学习的正是时候。令他惊喜的是，他发现其实社交媒体对于了解他们行业和市场动态是一个极为有用的工具。刚开始，他在上面发的内容不多，但会时不时地查看上面的内容，渐渐地，他也尝试写一些有关自己专擅领域的文章，写完后发布到这些平台上，后来，他甚至还开设了自己的博客。除此之外，社交媒体还让他觉得和孩子们有了更密切的联系。他和他儿子现在都在完善自己在领英上的个人档案，并在上面留心其他工作机会，或是与在其他地方工作的同事保持联系。通过社交媒体，他甚至还重新与自己的几个老朋友建立了联系。

在安德鲁反思自己的工作和生活状况时，他想过自己有哪些长处，这让他意识到，此前他真的有些自暴自弃了。目前，他并没有什么改头换面的改变，但对于自己可以做出的贡献却更加胸有成竹。他现在能够信心满满地提出新的工作项目，或是发表自己对当前项目的看法。他仍记得自己曾很擅长玩电脑游戏，在孩子们小的时候也乐意与他们一起玩，这种经验让他对社交媒体不会望而生畏，他甚至发现自己用起来也不落人后。他还重新找回了自己对于音乐和戏剧的热爱，他和太太都有这些爱好，两人还曾参加过不少音乐会。现在的他们，又恢复了下班之后去听音乐会的爱好，他们对此乐在其中，十分轻松快乐！

安德鲁本是一个容易焦虑的人，但如今他的情绪稳定多了，找回了对自己人生的掌控感。他意识到，半年前在饮水机旁遇到领导时的尴尬是自己多疑了。他越是坚定自信，越让自己有安全感，便不会把别人的言行太过于往心里去。现在，他能够更好地应对压力了，并且也通过提升韧性为未来做好了准备。夜里，他也能安然入睡了。

在今天这个时代，当然需要我们凭借韧性来应对万千变化。如果你天性并非特别坚韧，即便你本来就是一个具备高度韧性的人，都应该通过改善生活中的点滴来让自己更为坚韧，这样在今后便能够勇敢地面对风雨，并为潜在的困难和挑战预先做好充分准备。

全新的
开始

我们已经到了本书的尾声，但其实这只是一个开端，一个独立深入挖掘和提炼自己潜能的旅程的开端。

我写《软技能》这本书初版和本版的初衷都是要强调和阐述专注提升个人能力在今天这个世界的重要性。具备适应力、批判思维、同理心、正直、主动性、乐观心态以及韧性，都是个人竞争力和能力的体现，并且这七项能力对你的帮助绝不仅仅限于老生常谈的团队合作与领导能力。通过努力提升这些能力，你会在自己的岗位上游刃有余，当你肩负领导他人的角色时，也具备相应的内在资源；如果外面的世界让你失望，你能够从容应对；如果有什么令你焦虑不安，也能够坚强地将其克服；你还会更有效率，更加快乐、放松，你的人际关系也更为和谐，人生将会充满意义和使命感。

当然，这一切的关键在于通过实践和练习来实际运用这些能力，时时关注自己的自知力。要知道，罗马不是一日建成的，我仍然每天在练习这些能力，由于写这本书，我现在还更加用心了。我在书中所写的很多东西看起来是不言自明的，但若果真如此的话，为什么还有那么多人没有意识到这些能力的重要性，或是在这些方面表现不尽人意呢？为什么我们常常在很多方面敷衍了事，而不努力挖掘自身所蕴藏的丰厚资源呢？

我所写的这些能力都是基于自知力的。自知力是一个人情商的基础，其发端是对于"我是谁"这个问题的答案的了解，对于自己习惯的行为模式的熟悉，以及对面对改变、困难、机遇和不测事件时反应方式的缘由的认知。

要提升自我认知，我们需要认真思考自己的一言一行与其背后的动机，并能够三思而后行，以对自己的言行有所掌控。自我认知还是我们认识自己优缺点的前提，能够帮助我们扬长避短，充分挖掘自己的潜能。

我们都在不同程度上害怕改变，对陌生的情况心存畏惧，而在今天这个世界中，我们必须拥抱改变。首先应该从小事做起，每天不断反复实践，积少成多，积善成德。此时此刻，你便可以开始行动了！

我们所谈的这七项能力之间有所重复，也有千丝万缕的联系。乐观心态、主动性和韧性此三项尤为如此，正说明了这七项能力不可分割。在每章最后的"具体案例"这部分，我会重点突出此章所主讲的能力，但其实我们应该坚持不懈地提升所有能力，并在每天生活的方方面面将其综合付诸实践，而非只在特殊情况下才利用这些能力。因此，我们的一言一行，都应该怀有深思熟虑后的目的性，这个目的便是成为最好的自己，将七项能力运用到自己所有的活动中。

随着社会的进步，对于提升这七项能力的需求也愈加显著，涌现了很多相关的培训项目。不少学校也开始将体验学习纳入其课程，培养能够适应未来社会的人才。当然，每个人都应该专注自身，让改变从自我开始。

现在我们就应该开始：

掌控自己的人生。

成为最好的自己。

人生的本质不是要寻找自我，而是要创造自我。

——爱尔兰剧作家萧伯纳

收获意外惊喜——快乐

为写作本书的初版，我设计与主持了很多工作坊，服务了各类人群。由于自己在此过程中全神贯注地提升了七项能力，使得我现在的生活充满幸福感。每当我有意提升自己这些能力时，心情便更为愉悦，而每当将这些能力被忽略时，一天中就可能会有不快的感受，让本就不顺的一天更为糟糕。一直以来，我都会告诉大家，每天，我也有在七项能力上有表现不佳的时候，但这使我享受利用自我认知观察自己的表现。我常常发现，其实个人生活和人际交往中的细节之处是我们将七项能力付诸实践的最佳机会，通过这些微小的实践，我们能够逐渐提升运用这些能力的熟练程度，在遇到事关重大的情况时，便能自然而然地做出明智的选择，以更好地面对带来挫折和挑战的事情以及难以相处的人。在这个实践学习的过程中，我的家人、朋友、同事、与自己相处不睦的人都是我的"老师"，后者其实是最好的老师，而全新的挑战和经历更让我收获良多。

如今有关如何获得快乐的建议俯拾皆是，就在写作本书时，通过谷歌搜索"快乐"一词，可以找到75 000 000个搜索结果，在亚马逊上可以找到大约四万本书和这个话题有关。

我认为，可能对你我来说，快乐源自怀着使命感过好自己的人生，在日常的经历中发现乐趣，做自己热爱的工作以及与亲朋好友建立紧密宜人的关系。[1]

关于培养七项能力如何增进幸福感之我见

适应力： 提升适应力的关键是接受人生中所有的经历，并拥抱一切改变。当你不断意识到"这又是我锻炼自己适应力的机会"，并积极地拥抱改变时，你的适应力便能不断提升。对于他人临时改变计划，你可以表现得宽宏大量；对于一项计划没能如自己所愿成功，你也可以坦然接受。你的宽宏大量可以体现在自己写邮件的遣词造句上，也可以体现在自己面对他人时的举手投足上。相信我，当你灵活变通地接受自己所不能控制的局面时，你的生活会变得愉快得多。对于这类情况，尽管我们的默认反应都是哀怨、烦恼，并"表达自己严正立场"，但这种反应只是在当下能够帮助自己发泄怒气而已，极少有助于自己实现目标，甚至还会让人觉得自己是个胡搅蛮缠的人。

当你不断地扩展自己的舒适区时，人生便立即开阔起来，处处充满机遇。突破限制自己的信条和思维方式，能够大大解放自己，让信心骤然提升，并使自己充分挖掘自己真正的潜能。我所有令人激动的经历都是在自己的"扩展区"体验到的。其实即便是开展体验学习工作坊来帮助大家提升对七项能力的认知都并非易事，完全算是将我置于扩展区的经历。但我必须由衷地说，要没有这类经历，我的工作绝不会有如此回报，我也不会感觉自己如此接近自己的使命，这种实现使命的感觉简直美妙至极。

我从童年开始便一直难以摆脱对狗的恐惧，这个恐惧来源于我小时候被狗咬过的经历。就在三年前，我们搬到了一个很漂亮的乡下小村庄，我丈夫当时想养只狗，我本来坚决反对，但后来我意识到这种心理会限制自己的体验，便大胆地对自己质疑，并由此领悟到，这是一个让我提升适应力的难得机遇！后来，我们的金毛犬奥斯卡走进了我们的人生，它当时只有八个月大。通过奥斯卡，我学会了如何照料小狗崽，如何养狗，现在要说奥斯卡改变了我的人生也毫不为过，要是任由自己持曾经对狗的抵触态度，我必定会错过太多养狗的乐趣。选择通过养狗来克服局限性的心理完全让我克服了恐惧，奥斯卡还给我的生活带来了诸多欢乐（这大概就是它的使命吧）。

当然，奥斯卡是全世界最好的狗，所以对于它给我带来的诸多福报，我丝毫不感到意外。（读者可以到Instagram上来看一下奥斯卡，他的专属账号是oscar.the.goldens_world）

批判思维： 批判思维或许并非与幸福感有直接关联的能力，但我其实觉得，批判思维也能以其特殊的方式提升我们的幸福感。当我们充分利用这项能力时，便不会武断地做各种无稽的设想和论断，还会质疑自己的主观看法，从而能够做出更为明智的决定，更有效地解决问题以及充分发挥自己的创造力。批判思维能帮助我们处理日常的大量信息，更好地利用自己大脑中的资源，提升自己的工作效率，对于自己所关注的信息也会更为审慎，不会被网上所见的，或他人发布的各种信息所蛊惑，在阅读和回复邮件时也更有的放矢。我认为这一切总结下来，就是批判思维能让你避免因所见所闻的各种信息而六神无主，能够更好地利用自己的心智，发挥创造力，提升工作效力，并能随机应变，提升对人生的掌控感。

同理心： 同理心能够以各种方式提升你的幸福感。包括跨越75年的哈佛大学"格兰特研究"在内的诸多研究均已证实[2]，紧密的人际关系是一个人幸福感的最可靠预测因素。践行同理心是提升人际关系的最佳途径，你可以通过积极倾听来表达对他人的关注。这一细微姿态便能够起到显著作用，决定你在个人生活与职场社会中的人际关系是否紧密。真诚地关注他人，需要你积极反思、用心聆听，还要避免低头看手机。我向来强调正念用心的重要性，因为通过正念力，我们更能专注当下，心绪更为平和，不会惊慌失措，还能激活你大脑中控制同理心的区域。

同理心也要求你更为慈悲地对待自己，更为积极地关照自己，这两点对于提升幸福感十分重要。积极的自我关照需要你保证充足的睡眠，取得工作与生活间的平衡，适当地锻炼并保证饮食营养，所有这些都能够提升你的幸福感。正在寻求浪漫关系中另一半的读者也可以通过积极的自我关照来收获爱情。

正直： 如果你以正直为自己立身处世的原则，便会以诚待人，坚守自己的价值和原则，追求自己的使命。你会言出必行，言行一致，努力赢取他人的信任。践行正直这个品质，还要求你了解自己，通过坦诚地反思来提升自我认知。你越是能诚实地面对自我，越能体会到生活中的幸福感。实事求是能够给我们带来由内而生的平和与快乐，就像诗人约翰·奥多诺休所说的那样——我的人生便是我的归宿。

乐观心态：乐观和幸福感之间的联系不言自明。如果读者能够认真地做我们在此章所提供的练习，并将那些建议付诸实践的话，便能真正培养积极的心理，而非刻意告诫自己要乐观，或是被自己摇摆的心态所左右。若你具有乐观心态，就不会在遭遇不顺时怨天尤人，而是全神贯注地寻求解决之道。

你还会渐渐地不过于斤斤计较，提升自己对于人生中的事件的应对方式的认知，积极寻找机会，并迅速地从挫折中走出来。乐观心态与主动性和韧性紧密相连，如果其中之一有所提升，其他两种能力也会相应增强。如果我清晨醒来后感到些许不适，便会探索这种感觉可能的来源，并采取行动来恢复自己的心情。无论在本书中，还是在我们的工作坊中，我都会提议"表达感恩"这个做法。一个人的感恩程度与自己的幸福感紧密相连，因为感恩能够让我们换个视角看待自己的经历，使自己即便在极度不得意时，依然能够对人生中的幸运之处加以细细体会。众多研究都证实了心怀感恩对一个人的诸多益处。

主动性：当你主动作为时，便能够找回人生中的掌控感。真正快乐的人会把自己的精力和努力专注在人生中真正重要，并且自己可以控制的方面上。疲于改变不可控的人和事，完全是浪费时间，必然会使自己不快乐。一个主动的人，能够决定在何处发挥自己的能量和如何利用自己的时间。

为了实现自己的目标，取得想要看到的变化，主动的人会积极采取行动，在遇到困难时能够保持毅力或灵活地做出改变。我认为以下几个方面最能体现主动性和幸福感的密切联系：

如果你具备一个内在的控制中心，便会相信自己的人生体验更多是由自己的选择和行动所决定的，并且相信你是唯一真正能够决定自己是怎样的一个人的人。

如果你的控制中心是外在的，便会认为自己的人生体验多是由外部环境、运气、命途所决定，自己的身份和个人品质是由他人塑造而成的。

主动的人有着自己的内在控制中心，明确地知道自己才是人生的真正掌控者，会主动控制自己对于所发生的事件的反应。由于这种主动性，他们的行动便能够给他们的处境带来积极的影响。

韧性：培养自己的韧性便是提升自己从挫折和拒绝中重新振作的能力，这需要我们锻炼强健的身体，磨砺坚强的意志，提升情绪的张力。

可以说，韧性与其他几项能力都有关联，尤其是乐观心态和主动性。积极心态作为韧性的一部分，能够帮助我们快速走出创伤，在压力之下取得成长。韧性不仅能够帮助我们绝处重生，还能启发我们转换思维，改变自己的回应方式，获得真正的成长。我们唯一真正能够掌控的是自己对于命运丢给我们的各种考验的回应。每个人都会经历大大小小的挑战，这些挑战对我们来说也是获得成长、锻炼毅力的良机。

人活在世界上，最重要的是享受自己的人生，让自己快乐起来，没什么比这个更重要。

——英国演员奥黛丽·赫本

参考文献

今天我们所处的世界

1   *Front Psychol.* 2017; 8: 605. Published online 2017 Apr 25. doi: 10.3389/fpsyg.2017.00605 PMCID: PMC5403814. PMID: 28487665. Smartphones and cognition: a review of research exploring the links between mobile technology habits and cognitive functioning

2   Appl Neuropsychol Child. 2014;3(3):173-81. doi: 10.1080/21622965.2013.875296. Breaking through barriers: using technology to address executive function weaknesses and improve student achievement.

3   Nesta, Pearson, Martin Oxford School: The future of skills: employment in 2030

4   Workforce of the future: The competing forces shaping 2030

5   https://www.britishcouncil.org/organisation/ press/'-uk-must-go-india'-new-british-council-report-urges

6   www.telegraph.co.uk/education/expateducation/9020560/University-to-open-first-UK-campus-in-Thailand.html Hyslop, L. (January 2012) 'University to open first UK campus in Thailand', *The Telegraph*

7   www.wonkhe.com/2011/06/27/globalisation-where-on-earth-does-he-start/ Hughes, M. (June 2011) 'Globalisation: Where on Earth Does He Start?', Wonkhe – blog for Higher Education sector

8   Autor, D. (April 2010) in 'The polarization of job opportunities in the US Labor Market', Page, S. E. (2008) *The Difference: How the Power of Diversity Creates Better Groups, Firms, Schools and Societies.* Princeton University Press

9   'Economic Views BRICS', www.economics.pwc.com, February 2012

10 https://www.pwc.com/gx/en/services/people-organisation/workforce-of-the-future/workforce-of-the-future-the-competing-forces-shaping-2030-pwc.pdf

11 www.peopleandplanet.net/?lid=25995&section=33&topic=26 'The Ageing World', (January 2008), People & the Planet

12 www.cbi.org.uk/business-issues/education-and-skills/in-focus/ education-and-skills-survey/ CBI Education and Skills Survey 2012

13 www.economist.com/node/15640999 'Much to Learn – German's Education System is a Work in Progress', (March 2010), *The Economist*

14 online.wsj.com/article/SB100014240527023036659045774525214 54725242.html?mod=WSJ_business_whatsNews Fuhrmans, V. (June 2012) 'Germany's New Export: Jobs Training', *The Wall Street Journal*

15 www.guardian.co.uk/science/2012/jun/30/self-help-positive-thinking Wiseman, R. (June 2012) 'Self-Help: forget positive thinking, try positive action', *The Guardian*

第 1 章

1 Buch, K. (2009) 'Adaptability – Leading Through Focused Conversations', The Public Manager

2 https://learning.linkedin.com/content/dam/me/learning/en-us/pdfs/ linkedin-learning-workplace-learning-report-2018.pdf

3 www.clarionenterprises.com/assessments-eq.php#eci

4 Barnett, D.; Bauer, A.; Bell, S.; Elliott, N.; Haski, H.; Barkley, E.; Baker, D.; Mackiewicz, K. (22 June 2007) 'Preschool Intervention Scripts: Lessons from 20 years of Research and Practice', *The Journal of Speech-Language Pathology and Applied Behavior Analysis*

5 psychology.about.com/od/crisiscounseling/tp/become-more-resilient. htm Cherry, K. (2012) *10 Ways to Become More Resilient*

6 www.telegraph.co.uk/health/healthnews/9173552/Learning-another-language-could-protect-against-dementia.html Adams, S. (March 2012) 'Learning Another Language Could Protect Against Dementia', *The Telegraph*

7 www.trainingzone.co.uk/topic/role-play-real-play/174137 Holmes, S. (May 2012) 'From role play to real play', The Training Zone

8 Jon Wilkerson – www.internationalfunnybusiness.com

9 Calarco, A., Gurvis, J. (2006) *Adaptability : Responding Effectively to Change*. USA: Center for Creative Leadership, p. 12

第 2 章

1　donaldclarkplanb.blogspot.co.uk/2011/01/huge-study-do-universities-really-teach.html Clark, D. (2012) 'Do Universities Really Teach Critical Thinking? Apparently Not', Donald Clark Plan B blog

2　cart.critical-thinking.com/critical-thinking-an-interview-part-i 'Critical Thinking' (2012) an interview with Richard C. Wells, BPI's VP of R&D

3　IBM, 'What Is Big Data?', Nov. '16.

4　www.criticalthinking.org/pages/dr-linda-elder/819 'The Critical Thinking Community', profile of Dr Linda Elder

5　www.sciencedirect.com/science/article/pii/S0160289610001303 Nusbaum and Silvia (2010) 'Study: Are intelligence and creativity really so different?', *Science Direct*

6　blogs.hbr.org/baldoni/2010/01/how_leaders_should_think_criti.html Baldoni, J. (January 2010) 'How Leaders Should Think Critically', *Harvard Business Review*

7　www.stanleymilgram.com/milgram.php Stanley Milgram profile

8　Winner, M.G. (2007) *Thinking About You, Thinking About Me*. Think Social Publishing

9　'*For learners to develop cognitively flexible processing skills and to acquire contentive knowledge structures which can support flexible cognitive processing, flexible learning environments are required which permit the same items of knowledge to be presented and learned in a variety of different ways and for a variety of different purposes (commensurate with their complex and irregular nature).*' Spiro (1996)

10　Winner, M.G. (2005) *Social Behaviour Mapping*. Think Social Publishing

11　www.wired.com/science/discoveries/news/2008/04/smart_software Madrigal, A. (April 2008) 'Forget Brain Age: Researchers Develop Software That Makes You Smarter'

第 3 章

1　《全新思维》的作者丹尼尔·平克认为，要在今天的社会中收获成功，需要6大关键能力，其中之一便是同理心。

2　A key example from *Wired to Care*

3 https://media.nesta.org.uk/documents/the_future_of_skills_employment_in_2030_0.pdfs

4 www.myiris.com/newsCentre/storyShow.php?fileR=20120711102309 717&dir=2012/07/11 MyIris news site (2010) 'Rising Talent Management Challenges for Rapid Growth', Ernst &Young Survey

5 www.forbes.com/sites/sap/2011/08/22/social-media-success-is-just-about-one-thing-empathy/ Wilms, T. (August 2011) 'Social Media Success is Just About One Thing: Empathy', *Forbes Magazine*

6 https://www.telegraph.co.uk/science/2018/03/12/empathetic-people-made-not-born-new-research-suggest

7 Singer, T. and Lamm, C. (2009) *The Social Neuroscience of Empathy.* University of Zurich

8 www.livescience.com/220-scientists-read-minds.html Than, K. (April 2005) 'Scientists Say Everyone Can Read Minds', Live Science

9 www.psychologytoday.com/basics/neuroscience Neuroscience description in *Psychology Today*

10 www.washingtonpost.com/wpdyn/content/article/2007/05/27/AR20070527010.html

11 www.psychologytoday.com/basics/altruism Altruism, Understanding Altruism description from *Psychology Today*

12 www.psychologytoday.com/basics/cognition Description of Cognition from *Psychology Today*

13 www.danpink.com/whole-new-mind Pink, D. (2011) A Whole New Mind. Marshall Cavendish

14 www.paulekman.com/ Paul Ekman

15 en.wikipedia.org/wiki/Forum_theatre Definition of Forum theatre

16 www.guardian.co.uk/lifeandstyle/2008/mar/18/healthandwellbeing.features1 Darling, A. (March 2008) 'Mind over Matter', *The Guardian*

17 Langer, E. (1990) *Mindfulness.* Westview Press

18 Anna Ridderinkhof, Esther I. de Bruin, Eddie Brummelman & Susan M. Bögels. 'Does mindfulness meditation increase empathy? An experiment.' Pp. 251–269. Received 24 Feb 2016, Accepted 04 Dec 2016, Published online: 02 Jan 2017.

19 For example, Feldman, C. & Kuyken, W. (2011). 'Compassion in the landscape of suffering.' *Contemporary Buddhism, 12,* 143–155. doi:10.

1080/14639947.2011.564831[Taylor & Francis Online] [Web of Science ®], [Google Scholar]; Kabat-Zinn, J. (2011). 'Some reflections on the origins of MBSR, skilful means, and the trouble with maps.' *Contemporary Buddhism, 12*, 281–306.

第 4 章

1 'Integrity', *The American Heritage Dictionary of the English Language* (4th ed.). El-shaddai. 2000. Retrieved 2009-05-13 from integer, whole, complete.

2 'Perspective Leadership Moments', *FBI Law Enforcement Bulletin* (October 2011).

3 www.stephencovey.com/blog/?tag=integrity Covey, S.R. (October 2008) website, extract from interview: 'Crisis Creates Humility'

4 www.ame.org/target/articles/1998/07/ best-companies-have-most-integrity Park, D. and Huge, E. (July 1998) 'The Best Companies Have the Most Integrity', Association for Manufacturing Excellence

5 www.brandmovers.com/blog/so-what-is-monochronic-vs-polychronic-behavior/ Brandmovers Blog (2011) 'What is Monochromic vs Polychronic Behaviour?'

第 5 章

1 www.time.com/time/health/article/0,8599,2074067,00.html#ixzz20QwcyQW1 Sharot, T. (May 2011) 'The Optimism Bias', *Time, Health & Family*

2 en.wikipedia.org/wiki/Law_of_attraction Description of the Law of Attraction

3 www.oliverburkeman.com/books

4 www.guardian.co.uk/science/2011/may/15/flourish-science-of-happiness-psychology-review Layard, R. (May 2011) 'Flourish: A New Understanding of Happiness and Well-Being and How to Achieve Them', *The Guardian*

5 Seligman – PERMA model.

6 'Optimism and self-esteem are related to sleep. Results from a large community-based sample.' *International Journal of Behavioral Medicine*. Volume 20, Issue 4, pp 567–571.

7 "洛萨达比例"是指个体中积极因素对消极因素的比率，比率在 3.0到6.0之间被视为表现良好。

8 Ben-Ze'ev, A. (2000) *The Subtlety of Emotions.* Bradford Books

9 Taylor, S.E. and Brown, J.D. (1994) 'Positive Illusions and Well-Being Revisited, Separating Fact from Fiction,' *Psychological Bulletin,* Vol. 116, No 1, 21–7 (as cited in Taylor and Gollwitzer, 1995).

10 Taylor, S. and Armor, D. (December 1996), 'Positive Illusions and Coping with Adversity,' *Journal of Personality,* 64(4), 873–98.

11 Marshall, G.N., Wortman, C.B., Kusulas, J.W., Hervig, L.K., and Vickers, R.R. (1992) 'Distinguishing Optimism From Pessimism: Relations to Fundamental Dimensions of Mood and Personality' *Journal of Personality and Social Psychology,* 62(6), 1067–74.

12 http://labs.psychology.illinois.edu/~ediener/discoveries.html. 埃德·迪纳，心理学教授，盖洛普的心理健康研究顾问，其目前的研究领域包括：幸福感的相关理论和测量手段；性格与个性、收入、文化等因素对幸福感的影响以及员工幸福感对企业绩效的影响。

13 Oettingen, G. (2002) 'The Motivating Function of Thinking About the Future: Expectations vs Fantasies,' *Journal of Personality and Social Psychology,* 83, 1198–1212.

14 Pham, L. B. (1999) 'From Thought To Action: Effects of Process versus Outcome-based Mental Simulations on Performance' *Personality and Social Psychology Bulletin,* 25(2), 250–60.

15 www.trackyourhappiness.com

16 www.hup.harvard.edu/collection.php?cpk=1162 The work of William James, Harvard University Press

17 www.guardian.co.uk/science/2012/jun/30/self-help-positive-thinking?INTCMP=SRCH Wiseman, R. (June 2012) 'Self help: Forget positive thinking, try positive action', *The Guardian*

18 www.clarku.edu/faculty/jlaird/Publications.htm About James Laird – research into the perception of self

19 Seligman, M. *Learned Optimism: How to Change Your Mind and Your Life.* Vintage Books USA

20 www.forbes.com/2009/01/15/self-help-industry-ent-sales-cx_ml_0115selfhelp.html

第6章

1 Covey, S.R. (2004) *The 7 Habits of Highly Effective People: Personal Workbook*. Simon & Schuster

2 www.lifehack.org/articles/productivity/are-you-proactive-or-reactive.html

3 Grant, A.M. and Ashford, S.J. (2008) 'The dynamics of proactivity at work,' *Research in Organizational Behaviour*, 28, 3–34.

4 Bindl, U. and Parker, S. (2010) 'Proactive Work Behaviour: Forward-Thinking and Change-Oriented Action in Organizations,' Institute of Work Psychology, University of Sheffield

5 *Journal of Leadership and Organisational Studies* (August 2009)

6 www.linkedin.com

7 Crant, M. (July 1996) 'The proactive personality scale as a predictor of entrepreneurial intentions' *Journal of Small Business Management*, 34(3) 42, 2 charts.

8 Dweck, C.S. (1999) *Self-Theories: Their Role in Motivation, Personality, and Development*. The Psychology Press.

9 Steel, P. (2011) *The Procrastination Equation: How to Stop Putting Things Off and Start Getting More Done*. Pearson Education.

10 维克多·埃米尔·弗兰克尔博士，奥地利神经科学家及精神医生、纳粹大屠杀的幸存者，基于存在主义哲学创立了意义治疗法，奠定了维也纳第三心理治疗学院的基础。

11 Kirby, E.G., Kirby, S.L., Lewis, M.A. (July 2002) 'A Study of the Effectiveness of Training Proactive Thinking,' *Journal of Applied Social Psychology*, 32(7), 1538–49, Southwest Texas State University.

第7章

1 Kelly, R. (2005) *'innate psychological human immune capacity'* in 'Developing resilience', Affinity Health at Work (2011)

2 Greef (2002) *'a multi-faceted process from which people draw and learn from the best they can find in their environment, which can include family, school or the community'* in 'Developing resilience', Affinity Health at Work (2011)

3 Richardson (2002) *'categories that promote resilience, namely individual dispositional attributes, family support and cohesion and external support systems'* in 'Developing resilience', Affinity Health at Work (2011)

4 杰西卡·普莱斯-琼斯，人力资源咨询公司iOPener的首席执行官，著有《工作也快乐》一书。

5 Hinsliff, G. (2012) *'Half a Wife', The Working Family's Guide to Getting a Life Back.* Chatto & Windus

6 www.ted.com/pages/about About TED

7 www.ted.com/talks/lang/en/richard_st_john_s_8_secrets_of_success. html TED talk, Richard St John – '8 Secrets of Success'

8 www.ppc.sas.upenn.edu/prpsum.htm University of Pennsylvania, Positive Psychology Center

9 该课程教授认知行为技能与解决问题技能，课程部分内容基于亚伦·贝克、阿尔伯特·艾利斯和马丁·塞利格曼三名心理学家所提出的针对抑郁症的认知行为疗法理论。

(Abramson, Seligman, & Teasdale, 1978; Beck, 1967, 1976; Ellis, 1962). "宾夕法尼亚韧性项目"的理论基础是阿尔伯特·艾利斯所提出的"逆境—信念—结果"模式（也称"ABC理论"），该模式认为，人们对事件的观念会影响自己的情绪和行为。

10 "压力免疫训练"（SIT）是一种认知重构训练方法，旨在通过调整个人就自我和人生所持的思维模式，改变情感反应和行为。改变的最佳时机是在个人因压力而产生焦虑或沮丧情绪之前。

'Stress Inoculation Training: A preventative and treatment approach.' Dr Donald Meichenbaum, chapter in Lehrer, P. M., Woolfolk, R. L. and Sime, W. S., (2007) *Principles and Practice of Stress Management* (3rd edition), Guilford Press.

11 Duckworth, A.L., Peterson, C., Matthews, M.D. and Kelly, D.R. (2006) 'Grit, perseverance and passion for long-term goals,' *Journal of Personality and Social Psychology,* 92(6), 1087–101.

全新的开始

1 根据马丁·塞利格曼所提出的"PERMA模型"，想要获得持久的幸福感，需要有5个条件，包括积极的情绪体验，对工作和外部世界的投入，亲密的关系，有意义的人生以及自我成就感，每个条件对于幸福的人生都不可或缺。

2 https://www.huffingtonpost.co.uk/entry/ how-this-harvard-psycholo_n_3727229

著作权合同登记号：图字 18-2021-323

图书在版编目（CIP）数据

软技能 /（英）艾玛·苏·普林斯
（Emma Sue Prince）著；杜肖瑞译. -- 长沙：湖南文艺出版社，2022.3
书名原文：7 SKILLS FOR THE FUTURE
ISBN 978-7-5726-0581-9

Ⅰ.①软… Ⅱ.①艾…②杜… Ⅲ.①能力培养
Ⅳ.①G421

中国版本图书馆 CIP 数据核字（2022）第 011437 号

上架建议：畅销·人生软技能

RUANJINENG
软技能

作　　者：[英] 艾玛·苏·普林斯（Emma Sue Prince）
译　　者：杜肖瑞
出 版 人：曾赛丰
责任编辑：刘雪琳
监　　制：秦　青
特邀编辑：列　夫　巩树蓉
版权支持：金　哲
营销编辑：王思懿
封面设计：奇　芭
版式设计：秋　晨
出　　版：湖南文艺出版社
　　　　　（长沙市雨花区东二环一段 508 号　邮编：410014）
网　　址：www.hnwy.net
印　　刷：三河市鑫金马印装有限公司
经　　销：新华书店
开　　本：680mm×955mm　1/16
字　　数：270 千字
印　　张：19
版　　次：2022 年 3 月第 1 版
印　　次：2022 年 3 月第 1 次印刷
书　　号：ISBN 978-7-5726-0581-9
定　　价：59.80 元

若有质量问题，请致电质量监督电话：010-59096394
团购电话：010-59320018